普通の女の子がキラキラオーラを放つとっておきの方法

植西 聰
Uenishi Akira

清流出版

はじめに

なりたい自分と、現実の自分とのギャップが大きすぎて、つい、ため息をついてしまう。

キラキラと輝いている女性を見ると、それに比べて自分は……と落ち込んでしまう。

毎日、自分なりに頑張っているけれど、この先、幸せな未来が待っているようにはとうてい思えない。

私は心理カウンセラーとして、そんな悩みを持つ女性を多く見てきました。

そんな女性に言いたいのは、「今、どんなにつらくても、自分次第で、キラキラと輝く女性になることはできる」ということです。

実際に、「自分に自信がない」「生きていてもいいことがない」と泣いていた女性たちが、「最近は、毎日がハッピーなんです」「私の人生も悪くないって思えるようになりました」と笑顔で語る姿を、これまで何度も見てきました。

彼女たちは、どうやって、変わったのでしょうか？

カギは、彼女たちが周りの人や環境が変わるのを待つのではなく、自分自身で自分の「運」をよくするために行動することができた、という点です。

この本では、人の心の状態と「運」との関係を説明するとともに、実際に運をよくするためのさまざまな方法を解説します。

特別に難しいことはありません。ただ、それを知っているのと知らないのとでは、人生に大きな違いが生まれるでしょう。

誰でも、自信を持ち、キラキラとしたオーラを放つ女性になることは可能です。

自分を幸せにできるのは自分だけです。さあ、今から、行動を始めましょう。

植西 聰

CHAPTER 1

運がいい人と悪い人の違いはどこにある？

CONTENTS

CHAPTER 2

心の中のエネルギーが目の前の出来事を引き寄せている

CHAPTER 3

自分を少しずつ好きになっていくためのコツ

CHAPTER 4

行動力を高めることで運命が動き出す

CHAPTER 5

人間関係のストレスからスルッと逃れる方法

CHAPTER 6

恋愛運をアップさせて好きな人をふりむかせる

CHAPTER
7

悩み事は自分を成長させるチャンス

CHAPTER 8

言葉を変えてキラキラした自分になる

CHAPTER 9

ちょっとした習慣がブレない自信をつける

CHAPTER 10

ハッピーのらせん階段を少しずつ上がっていこう

CHAPTER

1

運がいい人と悪い人の違いはどこにある？

運がいい人も悪い人も、自分自身に原因がある？

「転職先でやりたかった仕事を担当させてもらえた。私は運がいい」

「男性と出会うことはあっても、なかなか恋人ができない。私って、どうも恋愛運が悪いみたい」

私たちは、自分の身に起こることや、その状況に対して、「運がいい」とか「運が悪い」とか感じながら日々、生きています。

なぜ、世の中には「運がいい人」と「運が悪い人」が存在するのでしょう。

自分に自信を持ち、キラキラしたオーラを放っている女性と、そうでない女性の違いはどこにあるのでしょうか。

最初に結論から言います。運というのは、生まれつき人によって差があるものでもなければ、偶然、どこかからやってくるものでもありません。

では何が原因かというと、運がよいか悪いかは、その人自身の持っている〝あること〟に深く関連しています。

自分は運が悪いと感じている人は、自分に原因があると聞いて、ショックを受けるかもしれません。

しかし、「運は自分次第」ということは、逆に言えば、これから運をよくすることができるのです。ですから、落ち込む必要はありません。

繰り返しになりますが、運のよしあしを決めているのは、神様でもなく、周りにいる人でもなく、自分自身です。

次のページから、キラキラしたオーラを放つ「運がいい人」になるためのコツを紹介していきます。

POINT

運のよしあしを決める原因は、自分自身にある

どんな人でも「運がいい人」になれる

「運のよしあしの原因は自分自身にある」という事実を知ると、「運が悪いのは、自分のせいなんだ」と落ち込んでしまう人がいます。

しかし、私は「運が悪いのは自業自得だから、仕方がありません」と伝えるつもりはありません。

本当に伝えたいのは、今は「運が悪い人」でも、これから「運がいい人」に生まれ変わることができる、ということです。

多くの女性は「運がいい人」というと、「特別な人」をイメージしがちです。

何か才能を持っていたり、美人だったり、お金持ちの家に生まれついたりといった人を見ては、「あの人は運がよくていいいな」とうらやましがっているのです。

しかし、「運がいい人」になるためには、才能、学歴、外見、家柄といった、目に見える条件は関係ありません。

優れた能力を持っているわけでもなく、スタイルがいいわけでもない、ごく普通の女性の中にも、次々と夢を叶えて、いつも輝いている女性はたくさんいます。

そして、彼女たちは自分に自信を持ちながら、楽しそうに人生を歩んでいるのです。

どんな人でも「運がいい人」になれる可能性があります。キラキラとしたオーラを放つことができます。

そこに、例外はありません。

POINT

特別な人でなくても、「運がいい人」に生まれ変われる

心の状態で、運のよしあしが変わる

「運がいい人」の幸運が、ずっと続くわけではないことは、多くの人が知っているると思います。

例えば、テレビで華々しく活躍していた芸能人が、事件やトラブルに見舞われて、テレビに出ることもできなくなり、どんどん仕事が減っていく、というような話は珍しくありません。

こういう人は、かつては自信に満ち溢れている姿だったのに、運が悪くなるにつれて、キラキラしていたオーラも消えていきます。

つまり、運のよしあしというのは、日々変わっていくものなのです。

「運がいい人」も運が悪い状態に変わっていくこともあれば、逆に「運が悪い人」が運のいい状態へ変わっていくということもあるわけです。

では、「運がいい人」と「運が悪い人」とを分ける最大のポイントは何でしょう？


それは「心の状態」です。

簡単に説明すると、心の状態がプラスになっているか、マイナスになっているかの違いです。

つまり、「運がいい人」は、心の状態がプラスになるような考え方や行動をしていて、逆に「運が悪い人」は心の状態がマイナスになるようなことをしてしまっているのです。

過去に運がよかった人も、運が悪くなる心の持ち方を続ければ、状態は変わります。それは、逆も同じことです。

POINT

「運がいい人」も心の状態次第で運が悪くなることがある

心の中にプラスの感情がたくさんあれば、運はよくなる

運のよしあしをコントロールしているのは、自分の心の状態です。

ここで、心の仕組みについて詳しく説明します。

「喜怒哀楽」という言葉があるように、人は誰でも、さまざまな感情を抱きながら人生を歩んでいます。

その感情には、大きく分けて「プラスの感情」と「マイナスの感情」の二種類があります。

「プラスの感情」とは、別の言い方をするとポジティブということです。

「嬉しい」、「楽しい」、「幸せ」、「おいしい」、「キレイ」、「ありがたい」、「好き」といったような明るい感情を指します。

一方で、「マイナスの感情」はネガティブです。「つまらない」、「悲しい」、「イライラする」、「ツイていない」、「嫌い」、「つらい」といった暗い感情のことを言います。

たいていの人の心の中には、プラスの感情とマイナスの感情が両方混ざっていて、その状態が普通です。

でも、自分に自信がある人は、心の中にプラスの感情をたくさん持っていて、マイナスの感情が少ないのです。

つまり、「運がいい人」というのは、心の中にプラスの感情がたくさんあるかどうかで決まってくるというわけです。

そして、運がいいからまたプラスの感情が増えるという好循環が生まれるのです。

POINT

自信がある人は、プラスの感情を抱きながら生きている

マイナスの感情を捨てることから始めよう

自分に自信がある人は、日常生活でプラスの感情を増やすことを得意としています。

こういう人の心の中は、常にプラスの感情がたまっている状態ですから、マイナスの感情が入り込むすき間がありません。

ですから、運がいい状態をキープすることができるのです。

感情というのは、生まれては消えていく一時的なものだと考えている人がほとんどですが、それは正解ではありません。

実は、人間の感情はプラスでも、マイナスでも、どちらの感情もエネルギーとなり、その人の心の奥底にたまっていく性質を持っているのです。

ですから、普段どれだけプラスの感情をため続けることができるかが、とても大切になってきます。

しかし、「運が悪い人」にとって、プラスの感情を増やすことは難しいと思います。

運が悪い状態だと、「どうせ次もうまくいかないだろう」というようなネガティブ思考が習慣になっているからです。

心の中にマイナスの感情がたまっているわけですから、「運がよくなりたい」と願っていても、無意識に運の悪い状況に陥ってしまうのです。

ですから、「運が悪い人」が最初にやるべきことは、自分の心の中にたまっているマイナスの感情を捨てることです。

マイナスの感情を捨てたら、そこにプラスの感情を入れていくのです。

POINT

プラスの感情をためるために、
マイナスの感情を減らしていこう

「私は運が悪い」と思い込んでいないか？

心の中にあるマイナスの感情を捨てるために、確認してほしいことがあります。

それは、「なぜ私は運が悪いのか？」と自分自身に質問をすることです。

できるだけ具体的な答えを出すとよいでしょう。

なぜこんな質問をするかというと、「運が悪い人」の中には、はっきりした理由がわからないにもかかわらず、自分のことを「運が悪い」と思い込んでいる人がいるからです。

例えば、「学生時代に学校でいじめられたことがキッカケで、引きこもりになってしまった」というような悲しい理由があれば、「自分は運が悪い」と思ってしまっても仕方がないと言えます。

しかし、「友だちは幸せそうなのに、自分にはいいことが起こらないから」とか、「毎日同じことの繰り返しで、平凡な人生だから」というような、あいまいな理由しか思いつかないのであれば、話は別です。

たいした理由もなく「運が悪い」と感じているならば、その人は「運がいい人」になることを最初からあきらめているのと同じだと思います。

仕事がある、健康である、本を読める教育を受けている、それらは全て、それを持っていない人から見たら、のどから手が出るほどありがたいものなのです。

それに気づこうとしないのは、心にプラスのエネルギーを増やすチャンスを自ら捨てているのと同じです。

POINT

「運が悪いのはなぜ？」と自問自答してみよう

あの人と自分の人生に違いがあるのはなぜ？

多くの人は、自分の考えが正しい、自分の常識が世の中の常識であると考えながら生きています。

そうなると、人間の数だけ常識は違うということです。

わかりやすい例でいえば、オシャレな人を見て、「素敵！」と思う人もいれば「ちゃらちゃらしていて信用できない」と思う人もいます。

旅行番組を見て、「きれいな場所で癒される」と思う人もいれば、「旅行なんて行くお金もヒマもないよ」とイライラする人もいます。

同じ現代の日本に生きていても、自分の見えている世界と、自分以外の人の見えている世界はまったく違うということです。

こんなに苦しい世の中なのに、どうしてあの人はいつも楽しそうなんだろう？　彼女はどうしていつも、キラキラしているの？

そう感じている人がいたら、その人は自分とはまったく違う感覚で世界を見ているのかもしれません。

幸せそうな人を見ると、その人は自分よりも恵まれた環境にあるような気がします。

しかし、実際はそうではなく、同じような世界に生きていながら、まったく違う気持ちを感じて生きている可能性が高いのです。

同じ職場で同じ給料なのに、幸福度が人によって違うのはそのせいです。

似たような毎日を送っていても、幸せそうな人と、そうでない人がいます。

それはつまり、その人自身の考え方の問題なのです。

POINT

同じような毎日を過ごしていても、見えている世界は人によって違う

「運はよくなる」と本気で信じる

「運のいい人の仲間入りをしたい」という人は世の中にたくさんいますが、本当の意味で運が巡ってくる人は限られています。それはなぜでしょう。

理由は、とても簡単です。運が巡ってこない彼女たちは「自分は運のいい人になれる」と心の底から信じていないからです。

こういう人は、実は心の中で「努力をしたところで、本当に運はよくなるの？」と疑っていたり、「運なんてよくなるはずがない。人生ってこんなものよね」とあきらめていたりするのです。

「運がいい人」になるには、「必ず運はよくなる」と強く信じることが大切です。「運がよくなればいいいな」くらいでは、信じる気持ちがまだまだ足りません。

運がいい人
私は運がいい!
私は運が
よくなる!
Diary
努力したって
仕方ない
私なんて…
DIARY
運が悪い人

目指すのはギラギラではなく、キラキラ

キラキラとしたオーラは、その人の自信が体の中から溢れ出てできるものです。

自然現象のようなもので、自分自身でどうこうできるものではありません。

そして、オーラにはその人の持っている性質が表れます。

優しそうなオーラ、強そうなオーラ、仕事ができそうなオーラなど、その輝き方は人それぞれです。

ときどき、ギラギラしたオーラを出している人がいます。

そういう人に共通しているのは、自分を本来の実力以上に見せたいという気持ちが強いということです。

本当は生活が苦しいのに、お金持ちのふりをしたくて、ローンで買った高級バッグを持っている女性や、本当は気が弱いのに誰かを攻撃することで自分を強く見せたい人などは、そういうギラギラオーラを出していることが多いようです。

彼らのオーラは、自信が溢れてできたものではなく、欲が強すぎて体から溢れたものです。

外見を着飾っても、威張っても、心にプラスのエネルギーがたまっていなければ、オーラは輝きません。

人が輝くために大切なのは、外見よりも心の状態なのです。

どうせ目指すなら、ギラギラではなく、キラキラを目指しましょう。

POINT

欲が強い人のオーラはギラギラしている

CHAPTER

2

心の中のエネルギーが目の前の出来事を引き寄せている

人の心には「引き寄せる力」が備わっている

「よいことを思えば、よいことが起きます。悪いことを思えば、悪いことが起きます」

これは、アメリカの牧師で成功哲学の第一人者である、ジョセフ・マーフィー博士が残した言葉です。

例えば、自宅で昔の写真がたまたま見つかって、昔の友だちのことを思い出しました。「〇〇ちゃん、元気かな？　今度、会いたいな」と考えていたら、その数週間後に電話がかかってきて、その友だちの方から「お久しぶりです。今度お会いしたいですね」と連絡が来たので、驚いてしまった。

また、会社の上司から「ちょっと話したいことがあるから〇時に来て」と言われて「何だか嫌な予感がするな」と暗い気持ちになっていたら、案の定、「しばらくの間、仕事が増えるから残業してほしい」というお願いで、予感が的中してしまった、というようなことがこれに当たります。

もっと長期的な場面でも、「この仕事、失敗するかもしれない」と思っていたら、本当に失敗したなど、考えていたらその通りになるという場面は珍しくありません。

これは、私たち人間の心に、いい出来事や悪い出来事を「引き寄せる力」が備わっているからです。

誰でも多かれ少なかれ、「自分が考えたこと」が現実になっているのです。

今までは「不思議だな」、「きっと偶然だろう」と思っていたことも、自分の心が無意識に引き寄せていたのかもしれないのです。

POINT

「引き寄せの法則」は、すでに身の周りで起きている

自信がある人ほど、いい出来事を引き寄せることができる

信じられない人もいるかもしれませんが、私たちは誰でも「引き寄せる力」を持っていて、その能力を使うことができます。

その働きを知っていても、知らないとしても、世の中の大半の人は「何か、いいことが起きないかな」と願っているのではないでしょうか。

ところが、実際には「私のもとにはいい出来事ばかりが引き寄せられる」という人は、そう多くはありません。

実は、いい出来事を引き寄せるためには、いくつかのポイントを押さえていなければなりません。

まずは、心の中のエネルギーをプラスの状態にしておくことです。

エネルギーは、感情が集まってできたものです。

プラスの感情が不足していると、どんなに強く「○○を引き寄せたい」と願っても、叶えることはできません。

つまり、いい出来事を引き寄せたいなら、心の中にプラスの感情を増やすことが必要不可欠なのです。

そういう意味では、自分に自信がある人ほど、いい出来事を引き寄せる力が備わっていると言えます。

自分に自信がある人は、心の中にプラスの感情をたくさん持っている傾向が強いからです。

うまく「引き寄せの法則」を使って、いい出来事を引き寄せられる自分を目指してほしいと思います。

POINT

心の中にプラスの感情があると、いいことが引き寄せられる

悪いことをいつの間にか引き寄せてしまう人の特徴

「引き寄せの法則」の仕組みを知る上で忘れてはならないことがあります。

それは、私たちの心は、いい出来事を引き寄せる力が備わっていると同時に、悪い出来事を引き寄せる力も備わっているということです。

しかも、困ったことに「悪い出来事」というのは自分で引き寄せようとしなくても、勝手に引き寄せられてしまうのです。

本人に目立って欠点があるわけではないのに、「なぜ、私の周りでは次々と悪いことばかりが起こるのだろう?」といつも悩んでいる人は、その最たる例です。

当たり前ですが、たいていの人は、わざわざ自分にとってよくないことを引き寄せようとはしないものです。

それなのに、どうして悪い出来事を引き寄せてしまうのでしょうか？

悪いことを引き寄せてしまう人は、自分で意識していないにもかかわらず、心の中にマイナスの感情をためてしまうからです。

すると、どんなに「いいことを引き寄せたい」と望んでいたとしても、心の中はマイナスのエネルギーが占めているわけですから、そのエネルギーにふさわしい、悪い出来事を引き寄せてしまうのです。

そう考えると、心の中をマイナスの状態にすることがよくないことだと気づくでしょう。

しかし、自分に自信のない人は、物事をネガティブに考えてしまう傾向があるため、いつの間にか悪い現実を引き寄せてしまうのです。

POINT

よくない出来事でも、勝手に引き寄せられてしまうことがある

小さな引き寄せを、繰り返し練習する

「引き寄せの力」を実感するために、小さな願い事をしてみましょう。

日常生活の中で、ちょっと頑張れば手に入れられそうなこと、「これを引き寄せられたら嬉しいな」と軽い気持ちで考えられるようなことです。

例えば「毎朝三〇分早く起きたい」とか「仕事がスムーズに進んで、早く帰れますように」とか、今の生活で無理なく叶えられそうなことがいいでしょう。

このような小さな引き寄せは、「無理」、「できない」というマイナス感情が入り込む余地がないため、練習すれば簡単にできるようになります。

練習は数回でやめずに、何度も繰り返すことです。繰り返すたびに、引き寄せがスムーズにできるようになるはずです。

小さな願い事をして「引き寄せ」の練習を
体を動かしたい!
早起きしたい!
キレイな花が咲きますように♡
料理をおいしく
作りたい
仕事が
早く進む!

引き寄せたい内容を具体的にする

小さな引き寄せを繰り返していくと、次第に「自分にもいい出来事を引き寄せる力があるんだな」と自信が持てるようになるでしょう。

心の中にプラスの感情が増えると、いい出来事が引き寄せられるだけでなく、自分には引き寄せの力があることを実感できるので、一石二鳥です。

意識的に引き寄せの力を使えるようになったら、今度は大きな引き寄せにチャレンジしてみるのです。

そのときに押さえるべきポイントは、自分にとっての「いい出来事」をできるだけ具体的にイメージすることです。

「何か、とても幸せになれるようなことが起こればいいのに」という思いは誰しもあるものですが、願いとしては漠然としています。

仮に、その状態で引き寄せが成功したとしても、内容が自分のあまり望んでいないものであるケースが多いのです。

自分が望んでいる現実を引き寄せたいならば、いつまでに、どんなふうにいことが起こってほしいのか、細かいところまで考えてみる必要があります。

例えば、「休みが取れたら、旅行に行けたらいいな」とぼんやりと考えているのならば、「今度の夏休みは一週間くらい休みを取って、沖縄に行きたい」とか、「三年以内にニューヨークに行って、ミュージカルを鑑賞したい」というふうに、リアルにイメージをふくらませてみるとよいでしょう。

考えただけで、心にプラスの感情が増えるのがわかると思います。その時点ですでに、引き寄せは始まっているのです。

POINT

自分の望みをリアルにイメージすると、願いが叶う

いい出来事が近づいてきたら、きちんと受け取る

自分が望む「いい出来事」が近づいてきたら、怖がらずにきちんと受け取りましょう。

「自分の願いが叶うのに、怖がる人なんているはずがない」と思う人もいるかもしれませんが、実際によく見られる現象です。

わかりやすい例として、「マリッジブルー」があります。

結婚を控えた人が、突然不安になったり、イライラしたりして精神的に不安定な状態になることを言いますが、日本の女性の七割以上が「経験がある」と答えたというデータがあるようです。

愛する人と結ばれて一緒に暮らせるという幸せよりも、「本当にこの人と結

婚してもいいのだろうか?」、「この先仲良くいられるのだろうか?」、「ずっと相思相愛でいられるだろうか?」などとネガティブな考えの方が優位になってしまうことが原因です。

人間には、何か幸せを求めながらも、いざそれが手に入る状況になると無意識のうちに拒否してしまうという心理があります。

特に自分に自信のない人ほど、「私にはもったいない」、「やっぱり私には無理」と幸せを拒否してしまう傾向があります。

一生懸命いい出来事を引き寄せたとしても、最後の最後で受け取る覚悟ができなければ、本当に幸せにはなれないのです。

誰にでも、幸せになる権利があります。生い立ちや過去は関係ありません。幸せがやってきたら、ありがたく受け取ればいいのです。

POINT
「私にはもったいない」と思っても、幸せを怖がらない

大きな「いい出来事」を引き寄せるには？

「願い事」を引き寄せたければ、「あれもほしい、これも叶えたい」と欲張ることをあまりおすすめしません。

なぜなら、心の中にプラスのエネルギーをたくさんためていたとしても、いい出来事を引き寄せた後は、その分のエネルギーが減るからです。

「引き寄せの法則」では、引き寄せたい内容によって必要なエネルギー量が変わります。お金を想像するとわかりやすいと思います。

マンションを買えば、貯金は当然減ります。反対に、「絵本がほしい」というようなものなら、減るお金は少しで済みます。

引き寄せの力も貯金と同じようなものです。

大きな願いを叶えるためには、大きなプラスのエネルギーが必要なのです。

大きな願いを叶えたいなら、願いは少しに絞りましょう。

それ以外のことでエネルギーを使うと、本当の願いを引き寄せるのがどんどん先延ばしになってしまいかねません。

他の願いを我慢して、大きな願いを叶えるためにプラスのエネルギーをためるには、忍耐力が必要です。

それまでのモチベーションを保つために、自分の部屋にその願いに関する写真などを貼っておくといいでしょう。

そして、「自分が本当に望むことは何なのだろう」と考え、自分の心に向き合うことも、心にプラスの感情を増やすいい機会になります。

POINT

願いを一つに絞ると、大きな引き寄せもできる

引き寄せをするときは間口を広げる

自分に自信のない人が、望みに近いものを引き寄せようとしても、なかなかうまくいかないことがあります。

心のプラスのエネルギーが不足しているからです。

また、引き寄せがうまくいき始めたときに、少しでも違うものを引き寄せるとネガティブにとらえてしまいがちだからです。

ＯＬの良子《りょうこ》さん（仮名・二六歳）は、「気の合う友人がほしい」という願いを持っていました。そして、そのために行動範囲を広げて、誘われたら食事会などにも行くようにしました。

そこで、何人かで仲良くなって、「また遊びましょう」という話になったとしたら、それはすでに自分の引き寄せが始まっているということです。

しかし、これまでの人間関係で失敗が多かった良子さんはつい警戒して、「この人、ちょっと言い方がキツいから、私の引き寄せたい相手とは違う」と受け止めて、「私の願いはやっぱり叶わない」ととらえてしまったのです。

ですが、実はそうではないのです。

魚を取るために、海に大きな網を投げたときをイメージして下さい。網の中には、魚だけでなく、ヤドカリもいれば、海藻も入っているかもしれません。

それで、ヤドカリや海藻を先に見つけて、「失敗した」と思うのは早合点です。

いきなり結果を求めるのではなく、少しずつ変わり始めた現状をプラスに受け止めるとよいのです。

プラスの感情を保っていれば、次はきっとうまくいきます。

POINT

希望と違うものが引き寄せられたのも、引き寄せが始まっている証拠

矛盾している引き寄せは成功しない

「一生懸命ポジティブなことをイメージしているのに願いが叶わない」

「一途に同じことを思い続けているのに引き寄せがうまくいかない」

このような人は、同時に複数の願いを持っていて、それらが矛盾している可能性があります。

例えば、「今の仕事をやめて、フリーランスとして独立したい」という願いを持っていたとしましょう。

しかし、その一方で「独立して食べていけなかったらどうしよう」という不安もあるという具合です。

心の中では、フリーランスになりたいのか、独立することをリスクと考えているのか、はっきりしていない状態です。

こういう場合、願いはいつまでたっても叶えられません。

どちらか一つの願いを選ばない限り、おそらく変化はないでしょう。

心の仕組みからすると、矛盾している願いにエネルギーが反応することはありません。

それどころか、「迷っている」という状態なので、少しずつマイナスのエネルギーが増えてしまうことも考えられます。

どんなことにもリスクはあります。恋人がほしいと願うなら、その先で失恋をする可能性もついてきます。

そのリスクも含めて、丸ごと引き寄せる強い気持ちを持ちましょう。

覚悟を決めることで、引き寄せのパワーは強くなります。

POINT

願いが「迷っている」状態だと、どちらも叶わない

CHAPTER

3

自分を少しずつ
好きになっていくためのコツ

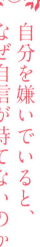

自分を嫌いでいると、なぜ自信が持てないのか？

「いつも不安な状態で、気が休まるときがない」

「周りの人の言動や行動が気になって、常にストレスを感じている」

自分に自信がない人は、これといった不幸な出来事が起こらなくても、このように、マイナスの感情を抱きながら日々を生活しています。

なぜ、彼女たちはマイナスの感情から逃れられないのでしょうか？

それは、心の奥底で「自分のことが嫌い」、「私はダメな人間だ」と考えていることが最大の原因だと考えられます。「自分のことが嫌い」という人は、運がいい人にはなれないし、ハッピーなことを引き寄せることもできません。

なぜなら、いつも「自分にできるはずがない」「私には無理」とネガティブ思考が習慣になっているので、たとえプラスの感情がわいてきても、すぐに打ち消してしまうからです。

「自分が嫌いだなんて、悲しいことだ」と感じる人もいるかもしれませんが、自分自身が気づいていないだけでこういう人は意外と多いのです。

日本は、謙虚や控えめであることが美徳とされる国です。

ですから、堂々と「私は自分のことが好き」と言える空気にはなりにくいのです。反対に「自分のことはあまり好きではなくて……」と口にするのはそれほど難しくはありません。

自分が好きな人は存在しますが、おそらく「うぬぼれている」、「自信過剰」と周りから思われるのを避けて目立たないようにしているのが現実なのでしょう。

POINT

自分が嫌いだと、プラスの感情が増えにくくなる

「セルフイメージ」を書き換える

私たちは、自分自身に対してさまざまなイメージを持っています。

「私は我慢強いので、ちょっとのことではあきらめない性格だ」

「私はいつも心にゆとりがあって、あまり怒らないタイプだ」

このように、自分の性格をプラスにとらえている人は、いわゆる「セルフイメージが高い」と言われています。

セルフイメージが高いと、悩み事があったり、苦労したりすることがあっても自分を信じて前進することができます。

一方で、自分自身にマイナスのイメージを持っている人は、「セルフイメージが低い」と言えるでしょう。

「私は何をやってもグズで、人に助けてもらわないと何もできない」という具合です。そのため、苦しい状況に立たされると「もう無理だ。私にはできない」と弱気になってしまうのです。

特に、否定的な言葉を使う親に育てられた人は、セルフイメージが低くなる傾向があると言われます。

しかし、このセルフイメージは、いつでも書き換えることができます。

今からでも、自分で自分をほめたり、新しい成功経験を重ねたり、周りの人といい関係を築くことで、少しずつセルフイメージが高まっていくはずです。

セルフイメージは、ずっと固定されているものではありません。

自分の工夫次第でプラスの方向に変えていけるのです。

どんな人でも、自分を好きになることはできるのです。

POINT

セルフイメージはプラスの方向へ簡単に変えられる

「自分を責める」くせを直す

自分が嫌いな人は、どんな場面においても、自分の至らないところに目を向けがちです。

例えば、仕事で数名の人と話し合いをしていたとしましょう。

その中の一人が、機嫌が悪そうな様子で、あまり発言しようとしません。

こういう場面で、「あれ？　もしかしたら、何か私が機嫌を損ねるようなことをしたかな？」と必要以上に気になってしまう人は要注意です。

根底に「自分が相手に何か悪いことをしているのではないか？」という思いがあるので、自分を責めてしまうのです。

でも実際は、誰が悪いわけでもありません。機嫌が悪そうなのは、たまたま別の事情で不快なことがあったのかもしれないからです。

しかし、自分を責めるという行為は、自分を好きになるためには逆効果でしかありません。

こう言うと「自分がミスをしたりしたときはどうしたらいいの?」という疑問がわいてくるかもしれません。

そんなときは、「私はダメ人間だ」と自己嫌悪に陥ったり、自分を責めたりしたくなるものですが、そんなことをしても仕方ありません。

もちろん何かを失敗したときに、反省することは大切です。でも、それ以上に大切なのは、そこから気持ちを切り替えて、「どうすれば、挽回できるだろう」とか「今度はうまくやろう」、「次はできる」と考えることです。

自分を責めても何も変わらないことを、よく覚えておく必要があります。

POINT

自分を追い詰めても、いいことは一つもない

自分の魅力に気づく

自分を嫌いな人の中には、「自分には取り柄がない」、「自分なんて長所が一つもない」と思っている人がいます。

しかし、自分では短所だと思っていた部分が、他人からは長所に見える例はいくらでもあります。

玲子さん（仮名・二三歳）は、「何かを決めるときに自分の意見が言えず、いつもグズグズと悩んでしまう」という自分の性格が嫌いでした。

例えば、学生時代の同級生から連絡があり、「久しぶりに会いましょう」と意気投合し、「ではどこに行く？　何をしたい？」という話になると、「どうしようかな……」と相手の意見を待つだけになってしまうのです。

「こういう性格を直したい」と思っている玲子さんですが、この性格のせいで嫌われたり、文句を言われたりすることはほとんどありません。

なぜなら、周りの人は、彼女の性格を「控えめで奥ゆかしい人」、「他人の意見をじっくり聞いてくれる人」、「慎重に考えて物事を判断する人」と感じているからです。

つまり、他人からすると、玲子さん自身の短所は一つの魅力としてとらえられているのです。

一つの事実の見方を変えて、違う意味づけをするカウンセリングの手法を「リフレーミング」と言います。

リフレーミングを使うことで、自分の性格の魅力に気づくことができます。

見方を変えればきっと、新しい自分を見つけられるはずです。

POINT

リフレーミングで、自分の長所に気づこう

自分で自分を慰める

自分に自信を持てない人は、不安や悲しみ、恐怖などのマイナスの感情を普通の人よりも長い期間にわたり、増やし続けています。

例えば、幼い頃から恵まれない生活を強いられていた人や、両親から愛情を受けて育ってこなかった人、ひどいいじめを経験した人や、どんな仕事をやってもうまくいかなかった人は、マイナスの感情が大量にたまっていると思います。

こういう人の心の中は、現在抱えている悩みや不安だけでなく、過去に体験したつらいことにまつわる感情など、たくさんのマイナス感情が地層のように積み重なっていることがあります。

これまでの人生で自分なりに頑張って生きてきたのに、報われないことばかりだと、自分を好きになることは難しく感じるかもしれません。

そんな人にまずしてほしいのは、自分で自分を慰めてあげることです。

仕事を何度もリストラされたという人は、「これまで自分はたくさん努力してきたね。偉かったね」と自分に言い聞かせてあげるのです。

学生時代のいじめが忘れられない人は、「昔はつらかったね。もういじめられないから大丈夫だよ」と自分の気持ちを受け止めましょう。

その過程では、いろいろと嫌なことを思い出して、泣きたくなるかもしれませんが、自分を癒すためには必要なプロセスなのです。

自分を好きになるために、過去の傷を癒すことを優先してみることです。

少しずつマイナスの感情が消えていくのが実感できるはずです。

POINT

「つらかったね」と自分の気持ちを受け止める

「できていること」に満足する

世の中を見渡すと、アスリートや女優、小説家やデザイナー、起業家など、さまざまな分野で活躍している女性がいます。

彼女たちを見ると「すごいな。きっと特別な才能があるんだろう」とうらやましい気持ちになりますが、彼女たちだって、最初は一般の人と変わらない初心者でした。

当たり前のことですが、最初から技術や実績のある人はいません。初めの一歩を踏み出してから、自分が目標とした場所までたどり着くには、何度も挫折があったはずです。

それでも、活躍できるようになったのは、努力の過程で「できたこと」に注目してきたからでしょう。

例えば、三割のことができていて七割ができていなかったとしても、「三割」に満足するから、頑張れるというわけです。

この考え方なら、失敗をしても、その中にあったいいところを見つけて、心にプラスのエネルギーを増やすことができます。

一方で、自分のことを嫌いな人は、「できない自分」に注目して、足りない七割を不満に感じる傾向があります。

そんな人には、「もともとは何もできなかったのに、三割もできるようになった」という事実を意識してほしいと思います。

完璧でなくても、「できていること」に目を向けるようにすれば、自分を信頼できるようになるのです。

POINT

「できないこと」よりも「できること」に意識を向ける

自分と他人を比べない

純子さん（仮名・二三歳）は、ここ最近、人間関係でモヤモヤしています。

彼女は半年前からＳＮＳを始めました。昔の知り合いから仕事の同僚、趣味の仲間、出かけた先で出会った人まで、あらゆる人とつながっています。

つまり、他人の近況がいつでもわかる状態になっているのです。

最初のうちは「皆が何をやっているかがすぐにわかるので、読んでいるだけでも楽しい」と思っていました。

しかし、次第に友だちの投稿を読むたびに「とても幸せそう。それに比べて私は何もない平凡な人間だわ。自分が嫌いになりそう」と落ち込むようになったのです。

自分に自信がないと、自分より幸せそうな人の姿を見ると、不安や嫉妬などのマイナス感情に襲われることがあります。

しかし、自分の幸せと他人の幸せを比べることは無意味です。

純子さんは、他人のSNSの投稿が目に入るたびに落ち込んでいるのですから、それを読まない、という決断をするのも一つです。

まったく読まないのが難しければ、夜九時から朝八時まではスマホの電源を切るのもいいでしょう。

それでもSNSが気になり、人の幸せをうらやましく感じたときは、「隣の庭の芝生は青く見える」と口に出して言ってみましょう。

そして、「あの人がますます幸せになりますように」と言ってみるのです。

この言葉は、相手への嫉妬を消すおまじないのような効果があります。

POINT

「自分は自分、人は人」と割り切ることも必要

得意なことに集中する

自分を好きになるためのポイントは、無理をしないことです。

真面目なタイプの人ほど、自分を好きになるには、何かハードな努力をしなくてはと考えます。

例えば、ハードルが高いことに挑戦したり、苦手なことを克服しようと頑張ったりしますが、これらは「自分に無理を強いている」状態だと言えます。

無謀なことや苦手なことに立ち向かうのは立派なことですが、自分の心が無理をしている可能性があることもきちんと意識する必要があります。

そうしないと、心が「苦しい」、「つらい」と悲鳴をあげていることに気づくことができません。

人間は、自分の得意なことをやって楽しんでいるときが、最もプラスの感情を増やすことができます。

ですから、無理に無謀な挑戦や苦手を克服するよりも、得意なことに集中してみるほうがいいのです。

自分を好きになるためには、その方が近道です。

「自分には得意なことがない」と言う人は、何か探してみましょう。

自分の心がストレスを感じることが少なく、他の人より少しだけ上手にできるようなものが、誰にでも必ずあるものです。

難しいこと、立派なことでなくても、まったくかまいません。

自分が輝ける時間を増やすことで、心にもプラスのエネルギーがどんどん増えていきます。

POINT

無理な努力をしても、自分を好きになることはできない

一人でも行動する習慣を身につける

ここ最近「おひとりさま」という言葉が流行し、世の中に定着してきたように思います。一人で行動することに抵抗がない人が増えてきました。

一方で、「一人で行動するのはハードルが高い」と感じる人も多いようです。

しかし、自分を好きになりたいなら、一人で、やりたいことに挑戦していくことが大切です。

一人で行動できる人は、誰かの予定に合わせたりするのではなく、自分がやりたいとき、やりたいことをやることができます。

一人でカフェに行くなど、近場でいいので一人で出かけてみましょう。

一人で何かを成し遂げると、きっと達成感を得られるはずです。

一人で行動してみる!
カフェで読書
映画鑑賞
美術館で名画鑑賞

CHAPTER

4

行動力を高めることで運命が動き出す

思いついたら、すぐに行動してみよう

現代は、何かにチャレンジするときの選択肢が、以前に比べてグンと増えました。

例えば、「英語を話せるようになりたい」と思ったとしましょう。

書店に足を運べば、英語のテキストがたくさん並んでいます。

テレビをつければ、英語を勉強できる番組が放送されています。

インターネットで調べてみれば、近所の英語教室を見つけることもできますし、オンラインでのレッスンを安価に受けることもできます。

つまり、何かをやりたいと思ったら、それを実現しやすい時代になったということです。

それでも、なかなか自分に自信を持てず、不安や悩みを抱えて過ごしている人が減らないのはなぜでしょうか？

それは、実際に行動をする人が多くないからです。

英語の教室を見つけたとしても、申し込みをして、通ってみなければ、ずっと話せないままでしょう。

「善は急げ」ということわざもあるように、興味を持ったことは、先々のことはあまり深く考えないで、すぐに行動してみることをおすすめします。

人間は七二時間経つと、モチベーションが落ちるので、三日以内に手をつけることが大切です。

行動を起こすことで、日常の中でワクワクすることが増えて、新しい世界が開けるはずです。

POINT

興味があることをやってみると、新しい世界が広がる

待つのではなく、自分から幸運に歩み寄っていこう

「シンデレラ症候群」という言葉を聞いたことがあると思います。

これは、男性に高い理想を抱き、経済的にも精神的にも依存したいという願望を持ち続けている女性の心理状態を指します。

物語に描かれている「シンデレラ」のヒロインを思い出してみて下さい。

シンデレラは、継母《ままはは》や姉たちにいじめられる生活を送っていましたが、あるときお城で開かれる舞踏会に行けることになりました。

王子様に一目惚れされたシンデレラは、帰りに靴を落としてしまいます。

その靴を手がかりに、王子様はシンデレラを見つけ出し、二人は結ばれる、というストーリーです。

「私もいつか素敵な王子様が迎えに来てくれないかな」と女性なら一度は夢を見たことがあると思います。

願いを持つのは、もちろん悪いことではありません。

しかし、その願いを叶えるには、ただ待つだけではなく、そのための準備をしておく必要があります。

シンデレラだって、ただ待つだけでなく、継母や姉たちの反対を押し切って舞踏会に出かけたから、幸せになれたのです。

幸せは、ただ待つのでなく、自分から歩み寄ることが大切ということです。

何もせず、今のままで、「ある日突然、目が覚めたら、人生が変わっていればいいのに」、と思う気持ちはわかります。

しかし、自分から幸運を迎えに行く方が、早く幸せになれるのです。

POINT

「運がいい人」はただ幸運を待っているわけではない

「ダメもと」でも行動したほうがいい理由

行動しようと決意しても、いざ始めようとすると、なかなかその気になれないことがあります。

その理由の一つが、「行動して、うまくいかなかったらどうしよう」という不安がわいてくることです。

イタリアに「悪魔は絵に描かれた姿ほど恐ろしくはない」という格言があります。

中世ヨーロッパの人々が本当に悪魔を目撃したかどうかは定かではありませんが、実際の姿は描かれた姿に比べると怖くはなかったようです。

日本にも「案ずるより生むが易《やす》し」ということわざがあります。

あれこれ悩んだり、心配したりしても、やってみたら意外と簡単だった、という教訓です。

ですから、行動する前に「自分には無理かも」、「難しそう」、「失敗したら嫌だな」などとマイナス思考に陥ってしまったとしても、とりあえずやってみることです。

「ダメでもともと」と自分に言い聞かせて、「とりあえずやってみる」くらいの軽い気持ちでいいのです。

やってみて違うと思ったら、また別のことを始めたっていいのです。

三日坊主というのは、飽きっぽくてネガティブな意味を持ちますが、別の見方をすれば、三日やっただけでも立派なものです。それだけでも、自分をほめる価値がありますし、自信がついて、心はプラスになるのです。

POINT

とりあえずやってみれば、意外とできることは多い

「やってみたいことリスト」を作る

行動を起こすといっても、実際に何をやればいいのかわからない、という人は「やってみたいことリスト」を作ってみるといいでしょう。

内容は、自分の心が自然とワクワクすることならば、どんなことでもかまいません。

「日本各地の温泉地を巡る旅行をしてみたい」

「山登りの訓練をして、最終的には富士山に登ってみたい」

「南の島に行って、スキューバーダイビングを体験してみたい」

「避暑地に別荘を借りて、友だちと一緒に一週間くらい暮らしてみたい」

このようなことを、できるだけ具体的にリストにするのです。

昔から「いつかチャレンジできたらいいな」と思っていたこと、テレビや雑誌を見て「これがなぜか気になる」という分野など、思いつく限りたくさん書き出してみましょう。

書いている途中で、「やっぱり面倒だな」、「自分にはできっこない」とネガティブな気持ちがわいてくるかもしれません。

しかし、そこで書くのをやめないことです。

新しいことを始めるのは確かに大変な面もありますが、そのための行動は自分が予想しているほどつらいものではありません。

なぜなら、人間は他人の命令で好きでもないことを続けるのは苦しいものですが、自分が好きなことをするのは苦労を感じない場合が多いからです。

書いたことを手がかりにして、行動する気力を高めていきましょう。

POINT

思いつくままに、チャレンジしたいことを書く

目標を持つだけで、行動力がつく

チャレンジしたいことがあるのに、実際は仕事や人付き合い、家の用事に追われて、あっという間に時間が過ぎてしまう、というのが大半の人の現実でしょう。

そんな中で、行動力をつけるためには、何か目標を持つのが一番です。

人間は、何か目標があるだけで、自分から進んで動くようになります。

例えば、「いつか仕事が落ち着いたら、ピラティスの講師の資格を取りたいなあ」と願っているAさんと「ピラティスの講師になる」という目標を持っているBさんという女性がいたとしましょう。

あるとき、その世界では有名なピラティスの先生の講習会が開かれることになったとき、二人の取る行動は違ってくるはずです。

Aさんは、「参加したいけど、費用も高いし、その日は別の予定が入るかもしれないから……」と迷う可能性が高いといえます。

一方、Bさんは、「有名なピラティスの先生からぜひとも学びたい」という思いから、他の予定を変更してでも参加すると思います。

何が言いたいかというと、目標を持っていると、その目標に関することに対して、迷いなく行動に移せるということです。

繰り返しになりますが、大人になるにつれて、自分から何かを始めない限り、時間だけが過ぎていくことになります。

「いつかこうなればいいいな」と受け身でいたら、何も変わらないと思います。

POINT

目標があると、心の迷いがなく動けるようになる

簡単なことからトライする

これまで自分から動き出すことがあまりなかった人は、ちょっと頑張ればできるようなことからトライするといいでしょう。

例えば、お菓子作りをしてみたいというとき、パイなどの焼き菓子を手作りしようとしても、最初はおそらく成功しないと思います。

なぜなら、お菓子作りは経験がない人にとっては意外と難しいからです。

ですから、まずは、お菓子作りの基本を学べる教室に行ったり、初心者向けの材料セットを買ってクッキーを作ったり、無理のないところから始めればいいのです。

簡単なことでも成功すれば自信になって、心がプラスになります。

簡単なことからやってみよう!
これならできそう!
Butter
カンタン
おかし
Lesson
MILK
Flour
できた——!!

「この時期までにやろう」と自分で締め切りを決める

フランスの格言に、「ワインの栓を抜いたら、なるべく早いうちに飲め」というものがあります。

どんなに高級でおいしいワインでも、栓を抜いたら、なるべく早いうちに飲んでしまわないと風味がだんだんと落ちていくものです。

ワインの味の変化は、私たちの気持ちの変化に似ています。

つまり、この格言は「行動すると決めたからには、できるだけ早く動いたほうがいい」と教えてくれているのです。

早めに行動するためには、押さえておきたいポイントがあります。

それは、自分で「この時期までにやってしまおう」と締め切りを決めることです。

人は締め切りがあるものに対しては、本気で取り組む傾向があります。

例えば、上司から「明日までにこの業務を済ませておいて」と指示されたら、他の業務があったとしても、その業務を優先するはずです。

しかし、個人的な目標や楽しみの多くにはほとんど締め切りがありません。

「英会話のテキストを読む」という目標を守らなくても、誰かに文句を言われたり、迷惑をかけたりすることもないからです。

この習性は誰にでもあるもので仕方のないことですが、せっかくやりたいことがあるなら、締め切りを決めた方がいいでしょう。

締め切りがないと、モチベーションが低下して先延ばしすることになり、それが自信をそぐことにもつながります。

POINT

早めに行動に移さないと、やる気がなくなることもある

信頼する人からの誘いはなるべく応じる

自分に自信が持てないタイプの人は、自分から積極的に行動するということが少ないようです。

しかし、フットワークが重いことは、運をつかむためにはあまりよいことではありません。なぜなら、チャンスは人を通してやってくるからです。人に会うためにはいろいろな場所に出かけてみた方がいいのです。

そこで、重いフットワークを軽くするための方法を紹介します。

それは、嫌じゃない誘いなら、出かけてみる、ということです。

「今度、夕食を一緒に食べませんか?」

「サッカーの試合の招待券をもらったので、一緒に行きませんか?」

先約があったり、誘ってくる相手に下心を感じたり、怪しい雰囲気があったり、直感的に「行かないほうがよさそう」と感じたときは無理をする必要はありません。

しかし、普段から自分に好意を持ってくれている人や感じのいい人のお誘いは、楽しめる可能性が高いですし、誘ってくれた相手と親しくなるきっかけになります。

出かけてみたら、疲れたり、嫌なこともあるかもしれませんが、予想もしないようないいことがある可能性だってあります。

一つ言えるのは、部屋に閉じこもっているよりもずっと、プラスの感情を増やせる可能性は高いということです。

行動範囲を広げただけ、面白いことに出会えるチャンスも増えるのです。

POINT

人のお誘いに顔を出すように心がければ、行動力が高まる

今日できることは、明日に延ばさない

世の中には「やりたいことはあるけど時間がない」と悩む人が多くいます。

しかし、やりたいという気持ちが強ければ、忙しくても実際に行動できるものですし、そうしている人は多くいます。

弘子さん（仮名・二五歳）は、派遣社員として働きながら、夜間にカウンセラーの専門学校へ通っています。

仕事の合間に勉強をするのはつらく感じるときもありますが、それでも勉強に遅れを取ることはありません。

なぜなら、彼女は仕事をその日のうちに終わらせてしまう習慣をつけているからです。

その日の業務をテキパキと片付けてしまえば、「あの仕事をやり残してしまったな。明日大変だ」などとモヤモヤすることもなく、仕事を終えた残りの時間は勉強に集中することができるそうです。

「明日は夜に学校がある日だから、定時で帰りたい」というときは、前日に残業をして仕事を済ませていると言います。

彼女のように、「今日できることは、明日に延ばさない」という意識を持って生活していると、おのずと行動力がついてきます。

もし弘子さんが、「今日は疲れたから、書類は明日作ろう」、「急ぎの仕事ではなさそうだから、来週でいいや」という判断をしていたら、先送りすることに抵抗を感じなくなり、勉強も遅れていたかもしれません。

「今日のうちに終わらせる」訓練をすれば、行動力もついてきます。

POINT

「やるべきことは先送りにしない」と決める

CHAPTER

5

人間関係のストレスから
スルッと
逃れる方法

「鏡の法則」をいつも意識してみよう

自分をキラキラした状態にするためには、人間関係も大切です。

「鏡の法則」というものがあります。

鏡は、目の前にあるものをそのまま映し出します。

鏡に向かって笑いかければ、鏡の中に自分の笑顔が映ります。

その逆に、鏡に向かって涙を流したら、鏡の中に映る自分も涙を流しているでしょう。

この法則は、人間関係にまるまる当てはまります。私たちは、好意を持っている人と会うときは、自然に笑顔になり、積極的に関わっていこうとします。

すると、相手もいい気分になって、ますます仲良くなるはずです。

しかし一方で、苦手な人と会うときは緊張して、笑顔が出にくくなります。その上、関わり方も消極的になるので、相手にもその雰囲気が伝わります。その結果、お互いにそっけない対応になってしまうのです。

なぜこのような状態になるかというと、相手に抱いている感情が「鏡」に反射して自分に返ってきているからです。

つまり、相手にプラスの感情を持っているか、マイナスの感情を持っているかで、自分に送り返される感情も変わってくるのです。

「あの人は感じが悪い」という人がいるなら、自分も無意識のうちに、相手に対して冷たい感じになっているのかもしれません。

普段から「鏡の法則」を意識してみることで、人間関係のストレスが軽くなるでしょう。

POINT

相手に抱いている感情が、そのまま自分に返ってくる

「鏡の法則」で人生を変えた女性

「鏡の法則」の実例を紹介します。

愛子さん（二四歳・ＯＬ）は、職場に嫌いな上司がいました。

以前は、「どうしてこんな意地悪な人のいる会社に入ってしまったんだろう」といつもぐちを言っていましたが、運気を上げるために、ぐちをやめようと決めました。そして、気分転換にスポーツクラブに入り、ヨガを始めました。

ヨガには心をリラックスさせる効果があるので、愛子さんのストレスは、小さくなっていきました。

すると、あんなに嫌だった上司が、それほど嫌いでなくなったのです。

「今思えば、上司は私がいつもイライラしていたから、同じようにイライラした態度で私に接していたのかもしれない」と愛子さんは話してくれました。

「毎日、残業をして、会社のために貢献しているのに、給料が上がらない」

「私ばかり、面倒なことを押し付けられる。男性社員はずるい」

このように、何かにつけて不満ばかり言っている人がいます。

しかし、このように自分を「悲劇のヒロイン」のように考えてしまうと、不満が増えるばかりで、状況がいい方に変わることはありません。

そういう毎日が嫌なら、周りのせいにするのではなく、自分が変わることです。相手は自分の思い通りに変わることはありませんし、いきなり残業代が増えることも考えにくいからです。

まずは、機嫌よく毎日を過ごすことを心がけることです。目の前の現実は、自分が作り出していることを、きっと実感できるはずです。

POINT

自分が変われば、相手も変わる

怒ると自分が損をする

自分の都合でデートをキャンセルしたのに、「ごめんね」の一言もなく、「最近、仕事が忙しくて、疲れているんだ」と言い訳しかしない恋人。

「君にこの仕事は任せたよ」と言っていたにもかかわらず、「この書類の書き方は違う」「もっとこうしたらどう?」と細かく口を出してくる上司。

こういう状況に置かれたら、誰でもイライラするはずです。

恋人に「謝りもしないなんて、ひどいじゃない」と文句の一つも言いたくなります。上司に「ちょっと黙っていてもらえますか! 仕上がるのを待って下さい」と言い返したくなります。

でも、こういうケースでは先に怒ったほうが損なのです。

なぜなら、相手に怒りをぶつけたら、高い確率で相手からも怒りの感情が返ってくるからです。

この現象を、心理学では「返報性《へんぽう》の法則」といいます。

言い争いは、この現象のいい例です。「売り言葉に買い言葉」ということわざもあるように、こちらが怒りをぶつけたら、同じように相手も応えたくなってしまう心理です。

怒りのピークは六秒と言われています。つまり、七秒経てば怒りが収まるということです。

ですから、腹が立ったときは、深呼吸をして七秒待ちましょう。

それだけで、冷静さを取り戻すことができる可能性が高まります。

人間関係において「短気は損気」であることを忘れないことです。

POINT

自分が怒ると、相手からも怒りが返ってきてしまう

「してほしい」という期待を持ちすぎない

自分が相手に何かをしてあげたとき、それにふさわしい対応を返してほしいと思うのが人間の心理というものです。

その欲求が満たされないと、「どうしてやってくれないの?」と裏切られたような気持ちになり、心にストレスがたまります。

ありささん(仮名・二一歳)は、会社の同僚にこんなお願いをしました。

「明日、もし時間があれば仕事を手伝ってもらえますか?」

その同僚は、「もちろん大丈夫だよ。明日、私はそれほど急ぎの業務はないから、たくさん手伝えると思う」と快く返事をしてくれました。

ところが、翌日は意外な展開が待っていました。

バタバタと仕事をしているありささんの姿を見ていたにもかかわらず、その同僚は「急用ができた」と言って外出してしまったのです。

「仕事を手伝えないなら、『大丈夫』なんて言わないでほしかった」とありささんがガッカリしたのは言うまでもありません。

こういうケースで大切な心がけは、相手に期待を持ちすぎないことです。

おそらく、この同僚に悪気はありません。急用が入らなければ、一緒に仕事を手伝ってくれたはずです。

ですから、そういう人に対して「何で約束を破ったの?」と責めても、状況は何も変わりません。

「仕事を手伝ってもらえればラッキー」くらいに軽く考えておけば、必要以上にストレスを感じずに済みます。

POINT

人に期待しすぎると、裏切られたときにストレスがたまる

「ノー」と断る勇気を持つ

日常生活で人から頼み事をされたとき、自分に自信のない人は、内心「嫌だ」と思っていることでも、「ノー」と断れない傾向があります。

「相手が嫌な気分になるのでは」と不安になったりするからです。

自分のできる範囲で要求に応えるのはいいことです。しかし、自分の気持ちを犠牲にしてまで無理をする必要はありません。

ストレスの芽を大きくしないためには断る勇気を持つことも大切です。

「申し訳ありませんが……」と丁寧な言い方をすれば角も立ちません。

それで機嫌を損ねる場合は、こちらが悪いのではなく、相手の問題ですから、気にする必要はありません。

「ノー」と言える勇気を
急だけどお願い!
ハイ…
断われなかった…
あ、それじゃあ時間のあるときにまたお願いするわ!
申し訳ありません
今たてこんでおりまして…

相手の価値観を変えようとしない

人間関係において、「この人の言うことには賛成できない」、「この人の考えていることは理解できない」と思うことがしばしば起こります。

裕美《ひろみ》さん（仮名・二四歳）は、友だちの律子さんが病気で入院したことを知り、お見舞いに行こうと決めました。

律子さんの友だちの幸子さんに「一緒にお見舞いに行かない？」と誘ったところ、「律子さんは本当にお見舞いに来てほしいのかな？　一度ご両親に容態を聞いてからにした方がいいと思う」と反対されてしまったのです。

裕美さんは、「幸子さんは友だちの律子さんのことが心配じゃないの？　冷たい人」と、心の中で思ったようですが、一晩じっくり考えてみたら「確かに幸子さんの言うことも一理あるな」という結論に至ったそうです。

このように、親しい間柄でも、価値観が違っていることはよくあります。

その人がもともと持っている価値観や考え方というのは「個性」なので、他人がやすやすと変えることはできません。

人間関係でストレスを感じやすい人は、相手の価値観を自分の納得のいく形に変えようとするから、マイナスの感情がわいてしまうのです。

「十人十色」、「千差万別」という言葉があるように、人の価値観は本当にさまざまです。

ですから、裕美さんのように、自分の考えに固執しないで、「この人と私はこの面においては、価値観が違うんだな」と静かに受け止めるようにするとストレスも少なくなります。

POINT

「相手と価値観は違って当たり前」と考えよう

相手の長所に注目して付き合う

イギリスの言葉に「一枚の紙に神と悪魔」というものがあります。

あるとき、母親が我が子の絵を見たところ、悪魔が描かれていました。

母親は「自分の子は将来悪い人間になるのだろうか?」と不安になりました。

ところが、紙をめくると、裏には神様が描かれていたのです。

母親は「この子はきっと大丈夫。優しい人間になるだろう」とホッと胸をなでおろしたといいます。

紙の片面に描かれた悪魔は人間の短所、もう片面に描かれた神様は人間の長所です。

この話は「純粋な子供の中にも悪魔と神様は存在する」というメッセージを

通して、「どんな人にも長所と短所がある」ということを教えています。

「部長は短気だから、一緒にいるだけで気を使わなきゃいけない」

「彼女は優柔不断で、決断力がないのでイライラする」

このように、私たちは接する相手の欠点に目を向けてしまいがちです。

でも短気な部長は、家では優しいお父さんなのかもしれません。優柔不断な彼女は、慎重で間違いをおかしにくいという長所があるかもしれません。

人間関係において、「あの人のこの性格が嫌」、「彼女のああいうところが問題だと思う」と思うことが多いとストレスがたまるだけです。

相手の欠点を見ている状態というのは、言い換えれば、悪魔の絵の部分にだけ注目しているのと同じことです。

神様の絵にも注目してみれば、相手の長所だって見えてくるはずです。

POINT

短所が目につく人にも、長所はある

苦手な人を意識しすぎない

自分に自信が持てない人は、苦手な人と接するときに、その人の存在を必要以上に意識してしまう傾向があります。

由美さん（仮名・二三歳）は職場に苦手な同僚がいます。

その人とは、表面上は険悪な雰囲気にはなりませんが、一緒に仕事をするとトラブルに巻き込まれたり、会話をしてもかみ合わなかったりします。

相手も由美さんの気持ちを察しているのか、あまり近づいてきません。

しかし、由美さんはその人が自分以外の同僚をランチや遊びに誘っているのを見ると、「私ばかり無視してひどい」とイライラしてしまうのです。

「苦手な人だから、ランチや遊びを共にしたくない」と理屈では思っていても、自分だけ無視されるとさらに、その人がどんなことをしても「嫌な人」と結論づけてしまうのです。

その同僚の本心は、本人に直接聞いてみなければわかりません。

それに、「誘ってくれなかった」という事実を勝手に悪い方に解釈するのはストレスの元になるだけで、いいことは一つもありません。

苦手な人は誰にでもいるものですが、自分の意識次第で「嫌い」という感情を減らすことができるのです。

必要なときはきちんと話すけど、それ以外は極力関わらないというのも一つの方法です。割り切って大人の対応をすることはできるはずです。

相手を「嫌な感じ」と思いながら観察してしまうのは相手の問題ではなく、自分の問題です。

POINT

付き合い方を工夫すれば「嫌い」という感情は減らせる

CHAPTER

6

恋愛運をアップさせて好きな人をふりむかせる

過去のつらい恋愛の思い出を消す方法

「昔、付き合っていた人のことが、今でも忘れられない」

「恋人ができたとしても、いつも一年くらいで振られてしまう」

「好きな彼氏と自分の女友だちが知らない間に仲良くなっていたことがわかって、しばらくショックで立ち直れなかった」

このような失恋の体験をしていると、恋愛そのものに対して「今度もうまくいかないのではないか?」と不安を感じやすいものです。

しかし、恋愛運をアップさせたいのなら、つらい恋愛の思い出をいつまでも引きずらないことが大切です。

とはいえ、つらい思い出を忘れられないまま、無理をして新しい恋を探すのはあまりおすすめできません。

なぜなら、つらい気持ちでいるときは、心にマイナスのエネルギーが多いため、自分と相性の合わない人を引き寄せてしまう可能性があるからです。

恋愛に対してマイナスの感情が強いときはひとまず「悲しい」、「つらい」、「寂しい」という気持ちを思う存分味わってしまうのです。

方法は何でもかまいません。人のいない場所で思いっきり泣いてもいいし、悲しい思いを紙に書いてビリビリに破ってもいいでしょう。心を癒すために、自然の豊かな土地へ旅行するのも効果があると思います。

マイナスの感情にフタをしてしまうよりも、思い切って吐き出してしまうことで、未来の恋愛に希望を持てるようになるはずです。

POINT

つらい思い出は我慢せずに吐き出してしまおう

出会いのチャンスに敏感になる

自分で恋愛運が悪いと思っている人は、「出会いがない」とよく口にします。「会社には男性が少ない」、「周りの男性は好みのタイプではない」、「紹介してくれる友だちがいない」などと言うのです。

しかし、よく考えてみて下さい。世の中には、男性がいない環境にいても、近くに好みの男性がいなくても、恋人を見つけている人がいるのです。彼女たちは決して出会いに恵まれている人たちではありません。

ただ「出会いがない」と嘆く人と違うのは、男性との出会いに敏感に反応し、目の前のチャンスに気づいている点です。

日常は平凡なものでも、その中にも出会いはたくさんあります。

例えば、旅行へ行ったときや、友人の誕生日パーティ、会社が終わった後に趣味を楽しむ場所、勉強会などは、男性と接する貴重な機会です。

こういう場では、「もしかしたら、素敵な出会いがあるかも」と自分に自信を持って振る舞うことが大切です。

「出会いなんてそう簡単にない」、「私に素敵な出会いは無理かも」とあきらめ半分の気持ちでいると、目の前のチャンスをつかみ損ねてしまいます。

出会いのきっかけは、本当に人によってさまざまです。

自分では想像もしないチャンスが突然やってくることも珍しくないのです。

ですから、いつでも恋愛ができるように、日頃から準備しておくことが大切です。

POINT

日常の中にある恋愛のチャンスを見逃さない

また会いたいと思われる人になるシンプルな方法

恋愛では初対面の印象で決まる場合と、何度も会っているうちに恋愛感情が芽生える場合の両方のケースがあります。

どちらの場合でも大切なのが、「笑顔であいさつ」することと「相手を肯定すること」です。

こんな話をすると、「恋愛のために自分を変えたくない」とか、「男性に媚びるのは嫌だ」と言う人がいます。

でも、「笑顔であいさつ」と「相手を肯定すること」は、家族でも、職場でも、人間関係をよくする効果があり、デメリットは一つもありません。

それでいて恋愛運も上がるのですから、やらない理由はないと思います。

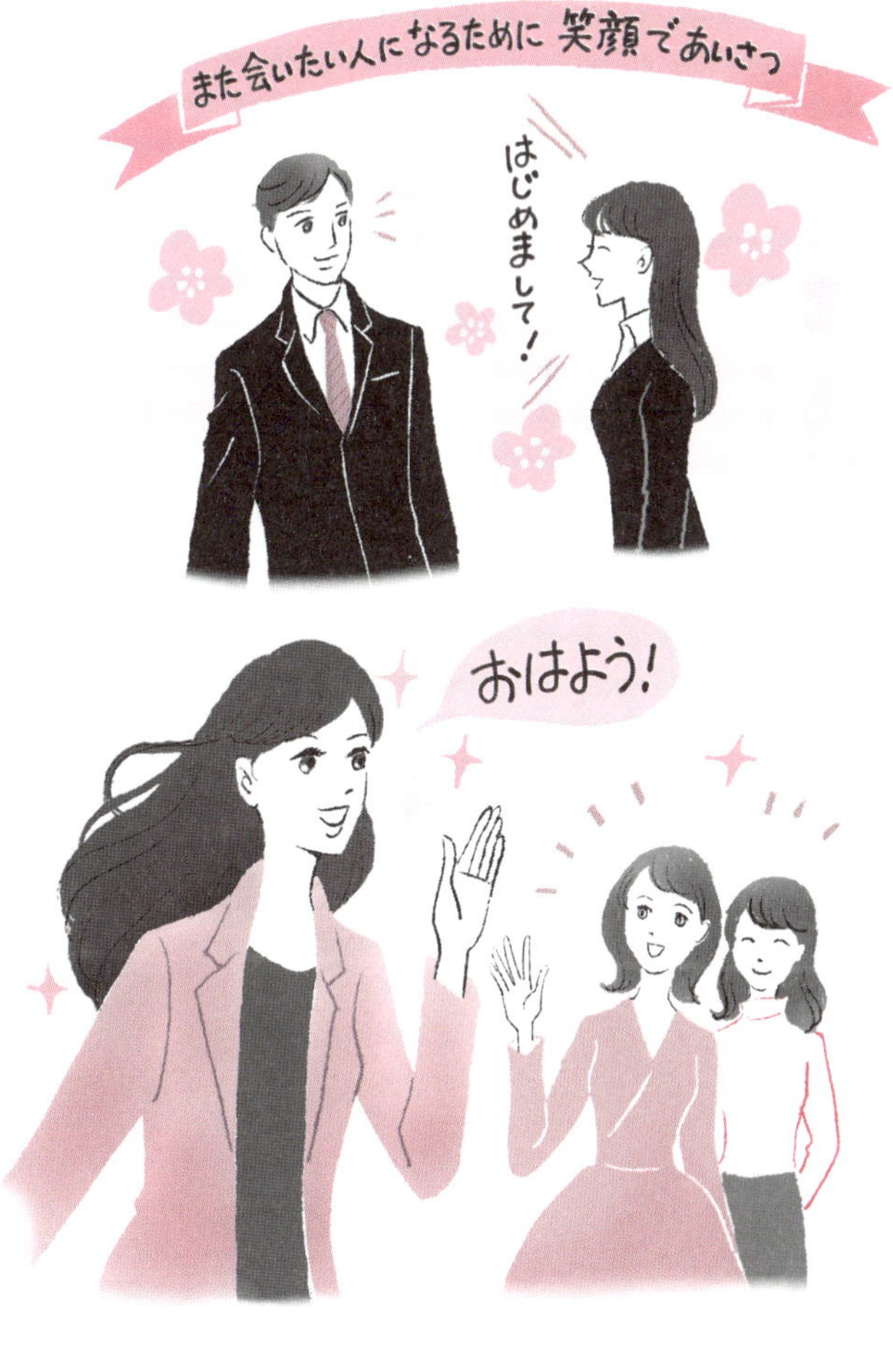
また会いたい人になるために 笑顔であいさつ
はじめまして！
おはよう！

理想のタイプにこだわらず、自分の直感を信じる

女性なら誰でも、理想の恋人像を持っていると思います。

「こんな人がいい」という譲れない条件の一つや二つはあるでしょう。

ただ、理想のタイプを追い求めてばかりいると、男性を厳しい目で見るくせがついてしまうので注意が必要です。

というのも、男性を選り好みばかりしていると、恋愛運がダウンしてしまうからです。

例えば、友だちの紹介がきっかけで男性と出会ったとしましょう。

間近で接して「一緒にいると楽しそう」、「性格がよさそう」と感じて、相手も自分に好意がある雰囲気がありました。

それなのに、自分の理想に当てはめて、「この人は恋人候補にならない」と早々と結論を出してしまう人は、恋のチャンスを逃していると言えます。

「大企業に勤めていないから」、「学歴がよくない」、「顔がかっこよくない」、「田舎に住んでいる」といった、理想と違う部分ばかりに注目していると、その人の中にあるいい部分を見逃すことになります。

幸せな恋愛とは、相性がよく、「条件に合った人」とするものではなく、「自分のことを好きになってくれて、一緒にいて心にプラスのエネルギーが増える人」とするものです。

「いいな」と感じた男性がいたら、「条件」よりも、自分の気持ちに注目しましょう。楽しいと感じるなら、その人は将来の恋人かもしれません。

大切なのは、「理想のタイプ」ではなく、「運命の人」なのです。

POINT
理想を追い求めてばかりいると、運命の人が見つかりにくくなる

相手の話を真剣に聞いてあげる

相手に好印象を持ってもらうための簡単で確実な方法があります。

それは、相手が何かを話しているとき、真剣に聞いてあげることです。

人は、「誰かに自分の話を聞いてもらいたい」という本能があります。

感動した映画を観たとき、旅行に行ったとき、悩み事があって落ち込んでいるとき、自分が担当した仕事がうまくいったとき、どんなときでも、私たちは話をする相手を欲しています。

そんなときに、「うんうん」、「そうなんだ」と共感しながら、熱心に話を聞いてくれる人が近くにいたとしたら、嬉しい気持ちでいっぱいになって、その人に好意を持つはずです。

実際に、成績のいいセールスマンの多くは、相手の話をよく聞く傾向にあるといいます。

このような、いわゆる「聞き上手」の人は異性にモテる傾向があります。

聞き上手になるためには、相手の話をさえぎらないことが大切です。他の人が話をしているのに、「私もね……」「それは違うんじゃない」と相手の話をさえぎって、自分の意見を言い始めてしまった経験は誰にでもあると思います。

しかし、ここでグッと我慢してほしいのです。

自分の話をしたくなっても、「なるほど」と相づちを打ったり、「それで、どうなった?」と質問したりして、話の主導権を相手に戻しましょう。

「また話がしたい」と思われるような女性になれば、恋愛運は確実に上がります。

POINT

「聞き上手」になれば、自然と男性から好意を持たれる

相手との共通点を見つける

心理学に「類似性の法則」というものがあります。

アメリカの心理学者が、大学の寮に入りたての初対面の学生同士が、どのようなプロセスを経て友だちになっていくかを調査しました。

すると、初めのうちは部屋が近い人同士が仲良くなる傾向がありました。

しかし、次第に同じ学科の学生、出身地が近い学生、同じクラブで活動している学生、趣味の合う学生などが、それぞれグループを作るようになったそうです。

「類は友を呼ぶ」ということわざがあるように、人間はどこか似た者同士が自然に集まって、仲良くなっていくものです。

「社内恋愛」もそうです。同じ会社に勤めていると、同じ目標や悩みを持つようになるので、当然話も弾み、心も通じやすくなるというわけです。

ですから、恋人募集中の人は、共通点がありそうな男性を探したり、好意を持っている人との共通点を見つけたりすることをおすすめします。

彩子《あやこ》さん（仮名・二五歳）は、二年間恋人がいない状態でしたが、趣味のテニスサークルに入ったところ、半年もしないうちに同じサークルに通う男性とお付き合いするようになりました。

好きなことが同じなので、仲良くなるのに時間はかかりませんでした。

旅行が好きな由美子さん（仮名・二八歳）は、海外旅行で知り合った男性と結婚しました。海外旅行という同じ趣味があるため、結婚後も会話が盛り上がって楽しい毎日だそうです。

POINT

何か一つでも共通点があると、相手と親しくなりやすい

不幸になる恋愛はしない

心にマイナスのエネルギーが多い状態で恋をすると、自分を不幸にしてしまうような相手にのめり込んでしまうことがあります。

「妻子のある男性と四年間不倫をしている。彼が結婚する前から好きだったから、ダメだと思ってもあきらめきれない」

「失恋した後になぐさめてくれた男性と付き合っているけど、実はその人に恋愛感情が持てないでいる」

このような恋愛は、たいていの場合うまくいきません。

恋愛にはさまざまな形がありますが、幸せな恋愛の基本は相思相愛です。

自分だけが相手を愛していても、相手にその気がなければその恋愛は実ることはないでしょう。逆もまた同じで、相手が自分を愛してくれても、自分が相手を愛せなかったら、その恋はいずれ終わってしまうのです。

不倫を繰り返してしまう人は、大切な時間をムダにしています。何年も後になって「婚期を逃してしまった」と苦しんでいる人が実際にいます。

不幸な恋愛をしそうになったら「この相手は、相思相愛、相性一致の運命の人かな?」と自分の心に問いかけて下さい。

そして、違うと思うのならその心に忠実に従った方がいいと思います。

一人暮らしなら思い切って引っ越すなど、環境を変えると区切りをつけやすいといえます。また、そういう恋愛の直後は、心が疲れています。

しばらくは恋愛を休んで、一人で心にプラスのエネルギーが増えるようなことをするとよいでしょう。

POINT

相思相愛になれる恋愛に出会うまで、待つことも大切

自分の恋愛スタイルを見直す

「それなりに恋愛経験もあって、幸せな思いもたくさんしてきた」、「今でも男性にデートに誘われることが多い」という女性でも、いまいち自分の恋愛に自信が持てないと悩むことがあるようです。

美恵さん（仮名・二六歳）は、テレビ局で仕事をしているせいか、男性と出会う機会が多く、恋人がいない時期がなかったそうです。

しかしある日、学生時代からの女友だちが、自分より先に結婚をしたことにショックを受けました。

なぜなら、美恵さんはこれまでプロポーズをされたことが一度もなかったからです。男性から「結婚するタイプではない」と思われていたからです。

その女友だちは、地味なタイプで、恋愛経験もそれほどないのに、自分と相性の合う相手を見つけて、幸せな結婚をすることができました。

その後、美恵さんは自分の恋愛スタイルを見直すことにしたそうです。

「これまで男性に誘われるままに恋愛してきたけど、本当は結婚につながるような真面目な恋愛をしたい」と感じたからです。

男性からモテる女性に、必ず恋愛運があるとは限りません。

本当に恋愛運がある人というのは、自分の恋愛スタイルを理解して、前向きに恋愛を楽しんでいるものです。

「運命の人がなかなか見つからない」と焦る前に、自分はどんな恋愛をしたいか、じっくり分析してみる必要があります。

冷静に自分に向き合うと、次は素敵な恋愛ができるはずです。

POINT

「自分はどんな恋愛がしたいか」をきちんと理解しよう

CHAPTER

7

悩み事は
自分を成長させるチャンス

悩み事を、プラスの方向から考えてみる

人生には多かれ少なかれ悩み事がついてまわります。

「今の自分の生き方は本当にこれでいいのだろうか？」

「一生懸命努力をしていても、なかなか報われない」

「なぜかトラブルや不幸に巻き込まれることが多くて、つらい」

こうした悩みを抱えてしまうと、頭の中でグルグルとそのことばかり考えてしまうものです。

しかし、それでは悩みの種が大きくなってしまい、ますます解決からも幸せからも遠ざかってしまいます。

悩み事があるだけで、私たちの心の中にはマイナスの感情が増えます。

マイナスの感情が増えると、さらに自分を悩ませるような出来事を引き寄せてしまうことがあります。

意識がマイナスの方向へふくらんでしまうので、失敗やトラブルを重ねてしまう可能性もあります。

ある女性経営者は、トラブルがあるたびに、「ちょうどよかった」と言ってみるそうです。すると、脳がだまされて、本当に「ちょうどよかった」という気がして、解決策が見えてくるという話でした。

例えば、仕事で失敗をして怒られたとき、「ちょうどよかった」と言ってみると、「この仕事はやっぱり自分に向かない。これを機に、もっと自分にあった仕事ができる職場に転職しよう」というアイディアが思いつくかもしれません。

POINT

意識をプラスに向けると、悩み事は乗り越えられる

一か所で立ち止まらない

「三日間で企画書を仕上げるよう言われたけど、できそうもない……」

「彼氏との大事な約束がある日に、上司から断れない仕事を頼まれた……」

仕事をしていると、このような難しい状況に置かれることがあります。

「困った」、「どうしようもない」と頭を抱えているだけでは、時間が過ぎてしまうだけです。

こういうケースでは、一つの方法にこだわらないことが重要です。

「とにかく急いで、一人で企画書を進めなくては!」と焦ると、途中でパニックになるのは目に見えています。

「○○さんと○○さんに協力してもらえば、ギリギリ間に合うかも」

「何とか締め切りを延期できないか、交渉してみよう」

「重要な部分を先に仕上げて、上司に確認してから進め方を決めよう」

このように、別の選択肢を考えてみると、希望が見えてくるものです。

恋人との約束は、グズグズと考えているだけでは前進しません。

「彼氏に事情を詳しく話し、きちんと謝って他の日に変更してもらう」

「次回は彼氏の行きたい場所に行って、穴埋めのために食事をおごる」

こんなふうに、いくつか具体的な提案をすれば、相手も理解してくれるでしょう。

よくないのは、一人で立ち止まって、時間だけが過ぎてしまうことです。

トラブルは時間が経つほど大きくなる傾向があります。「うまくいくはずがない」と決めつけず、早めに解決策を探ることが大切です。

POINT

一つの方法にこだわると、悩みは解決できないこともある

不幸なことが起こった後には、幸せがやってくる

「朝から大雨が降っていて、電車が大幅に遅れてしまった。結局、職場にも遅刻して、洋服もびしょ濡れになった。その上、他人のミスの尻拭いをさせられる羽目になって、夜遅くまで残業をしなくてはならなくなった」

このように、なぜか悪いことばかり起こる日というのは誰でも一度や二度は経験したことがあるのではないでしょうか？

いいことでも悪いことでも、同じような現象が立て続けに起こることを、「系列の法則」といいます。

この「系列の法則」は、長い人生にも当てはめて考えることができます。

二〇世紀を代表するファッションデザイナー、ココ・シャネルの人生が、正

にそうでした。

彼女は、「シャネルスーツ」と呼ばれる動きやすい素材で作られた洋服や香水、帽子などを発表し、世の中の女性たちに受け入れられてきました。

華やかな印象のあるシャネルですが、成功するまでは不幸の連続でした。

彼女は親に捨てられて、幼少期は孤児院で育ちました。本当は歌手になりたかったのですが、芽が出ずに断念したこともあります。

シャネルの人生の前半は不幸続きでした。やることが成功し始めたのは三〇歳を越えてからなのです。

どうしても運が向かないときは、後から大きな幸せがやってくるものです。

ですから、不幸で悩んでいたとしたら、「いつか流れが変わり、幸せなことがたくさん起こる」と信じて、あきらめないことが大切です。

POINT

悪いことが立て続けに起こった後は大きな幸せがやってくる

「いつか役に立つ」と考えるようにする

「プレゼントで日本酒をいただいた。私はお酒が飲めないから、誰かにあげようと思っていたら、料理に使えることがわかった」

「人からもらったあまり興味がない本をとりあえず読んでいたら、たまたま仕事のヒントを見つけることができた」

世の中には、「役に立つもの」と「役に立たないもの」があります。

役に立つかどうかは、その人の考え方によって違いますが、多くの人は「役に立つもの」を追い求める傾向があります。

しかし、一見すると役に立たないように見えるものが、実は役に立つこともあるのです。

お酒を飲めない人にとって、日本酒は役に立たないものかもしれません。ですが、料理に使えば「役に立つもの」に変身します。

興味のない本を読むのは苦痛なものです。しかし、仕事のヒントという「役に立つもの」が見つけられたら、その本はその人にとって「タメになる本」になるのです。

この心理は悩み事にも応用できます。

「自分の役に立たない」と思う仕事をやらされたり、嫌なこと、やらなければならないつらいことが続くと、それが悩みになることがあります。

こういうときは、「これは勉強になるはず」、「後で役に立つと思う」とプラスの方向に考えましょう。

そうすれば「体験しておいてよかった」と思える日がきっときます。

POINT

今は役に立たないことでも、後で役に立つことがある

失敗することで教訓を学べる

子供の頃は、運動や勉強など、あらゆることで失敗をしながら成長していたと思います。失敗することで、正しい方法を学び取っていたのです。

ところが、大人になると「失敗をすること」が悩みの種になってしまう人が多くなります。「取り返しがつかない」、「周りからの評価がダウンする」などと、マイナスの方向に考えてしまうからです。

大人になっても失敗はつきものです。しかし、失敗から教訓を学ぶ姿勢があれば、失敗は恐れるに足らなくなります。

ベストを尽くすことは大切です。それでもうまくいかなかったときは、失敗をプラスの方向に考えて、自分の成長につなげていきましょう。

失敗することで教訓を学べる

人生は軌道修正が必要な時期もある

「自分のお店を持つために努力を続けていたけど、資金がなかなか集まらないし、やめたくなった」

「税理士の資格を取るために勉強していたけど、取り組んでみたら興味がなくなった」

このように、よかれと思ってやっていたことに悩みや障害が出てくることがあります。

途中まではうまくいっていたのに、あるときから風向きが変わって、うまくいかなくなったわけですから、ショックも大きいでしょう。

途中で「もうやめよう」と投げ出したくなったり、「もうダメ」とあきらめてしまいたくなったりしたときは、その前に「もしかして、軌道修正が必要な時期かもしれない」とプラスの方向に考えてみてほしいと思います。

例えば、目標を立て直してみるのはどうでしょうか。

お店という形にこだわらなければ、自分のやりたいことは叶えられるかもしれません。

また、仕事はある程度続けていると、当初は見えていなかったことが見えてくることがあります。「やっぱり税理士の資格よりも、保育士の資格を取ってみたい」という本音がわかったりします。

人生の目的は、目標をクリアすることでも、楽しくないことを続けることでもありません。ときには方向転換してもいいのです。

方向転換するほうが幸せに感じるなら、それでもいいと思います。

POINT

うまくいかないときは、方向転換してもいい

「たいした問題じゃない」と言ってみる

自分に自信のない人は悩み事があると「困ったな。どうしよう」と深刻に考えすぎてしまう傾向があるようです。

しかも、その悩みの内容は意外とたいしたことがない場合が多いのです。

悩みというのは、その人の受け止め方次第で大きくも小さくもなります。

自信がある人は、悩みがあってもクヨクヨと考え込むことがなく、プラスに気持ちを切り替えています。

そのため、悩みは必要以上に大きくなりません。

でも、自分に自信のない人は、小さな原因を自分で大きくして、悩み事を増やしてしまっているのかもしれません。

例えば、女友だちに食事をごちそうしてもらったにもかかわらず、お礼をするのをうっかり忘れていたとしましょう。

「彼女に不快な思いをさせてしまったかな?」と不安になったり、「友だち付き合いにヒビが入るかも」と心配になったりするかもしれません。

しかし、マイナスの感情が増える前に、「これはたいした問題じゃない」と言葉に出してみましょう。すると、前向きな言葉が心にプラスのエネルギーを増やし、少し勇気がわいてくるはずです。

そうすれば、グズグズと悩むことなく、その場ですぐに友だちに電話やメールでお礼を言うことを思いつくでしょう。

大きな問題に感じるようなことも、実際にはたいしたことではない、ということは珍しくありません。

POINT

悩みの内容は、実は小さな問題であることが多い

「最後はハッピーエンドになる」と予言をする

心理学に「予言の自己成就効果」というものがあります。

人間は、何かを予言されたら、その通りに行動を起こしてしまう傾向があるということです。

身近な例は占いです。「魚座の人は、今月、お金のことで思わぬ失敗をしてしまうおそれがあるので注意しましょう」と事前に予告をされたら、魚座の人は慎重に行動しようとするでしょう。

しかし、「何か失敗するのではないか？」と疑念を持ち続けていると、いつしか「失敗するだろう」という思い込みが脳にインプットされます。

その結果、マイナスの予言は的中してしまいます。

実際に、お財布を落としてしまったり、不要なものを強引に買わされたりして、本当にお金のことで失敗してしまうことがあるのです。

しかし、この予言の自己成就効果は、プラスにも活用することができます。

予言が実際に叶うのであれば、最終的には自分がハッピーになるようなプラスの予言をすればいいわけです。

「今は体調がすぐれずに自由にやりたいことができないけど、いつか健康体に戻ったら、海外旅行へ行こう」

「恋人と別れてしまったけど、もっといい人に出会って、憧れのホテルで結婚式を挙げたい」

このように、自分にプラスの自己暗示をかければ、心にもプラスのエネルギーが増えて、願望が実現することもあるのです。

POINT

ハッピーになるような自己暗示をかけてみる

CHAPTER

8

言葉を変えて
キラキラした自分になる

プラスの言葉を味方につけよう

自分に自信をつけるためには、言葉に意識を向けることが大切です。

朝起きてから、夜寝るまで、私たちはありとあらゆる言葉に触れながら生活しています。人と会話するときはもちろんのことですが、独り言でも言葉を使っています。

それらの言葉は、私たちが想像するよりも心に大きな影響を与えます。

そこで、実践してほしいのが、日常的にプラスの言葉を使うことです。

プラスの言葉とは、「楽しい」、「嬉しい」、「おいしい」、「ツイている」、「運がいい」、「元気」、「ありがとう」、「好き」、「おめでとう」、「幸せ」というようなポジティブな意味を持つものです。

気持ちが明るくなるような言葉を使い続けていると、心の中にプラスの感情が増えます。

たとえ、心の中にマイナスの感情が生まれても、それを打ち消すほどの効果が期待できるのです。

このシンプルな法則をしっかり活用すれば、意外と簡単に自分に自信を持てるようになります。

例えば、大きな仕事の前に、「緊張して失敗しまうかも。どうしよう……」と不安になったときは、「私は緊張しているな。でも、大丈夫」、「緊張感がある方が、うまくいく」と笑顔でプラスの言葉を発してみるとよいでしょう。

不安や焦りなどの感情に飲み込まれやすいという人は特に、プラスの言葉を借りることの効果を実感できるはずです。

POINT

日常的にプラスの言葉を使う習慣をつける

マイナスの意味を持つ口ぐせを直す

「できる！　できる！　私ならできる！」と口に出してみると、自信がわいてくることが実感できるのではないでしょうか。

この法則は、逆の意味でもあてはまります。つまり、マイナスの意味を持つ言葉を日常的に使っていると、自信がなくなっていくということです。

マイナスの言葉というのは、「嫌だ」、「面倒くさい」、「悲しい」、「嫌い」、「つらい」、「無理」、「まずい」、「苦しい」、「ムカつく」、「運が悪い」といったようなネガティブな意味の言葉を指します。

私たちは、普段、自分がどんな言葉を使っているか、どんな言葉が口ぐせになっているか、あまり自覚はないものです。

ですから、「運が悪い」という人は、自分が日常的にどんな言葉を使っているか、一度チェックしてみることが必要です。

愛子さん（仮名・一九歳）は、基本的に明るい性格のため、「自分はあまりマイナスの言葉は言わない」と思っていたそうです。

しかし、あるとき母親に、「すぐに『あれは嫌い』、『これも嫌』と口にするのはやめた方がいいよ」と指摘されて、初めて自分がマイナスの言葉を使っていることに気づいたそうです。

そして、その日から自分の言葉を意識して、プラスの言葉を使うようにしたところ、運が悪いと感じることが減ったのです。

したがって、言葉は大切にする必要があります。

POINT

マイナスの言葉はなるべく使わないように心がける

「悪口は言わない」と決意する

世の中にはさまざまなマイナスの言葉がありますが、特にマイナスのエネルギーが強いのが「人の悪口」です。

「悪口を言うのは、いいことではない」、「誰かの悪口を聞いていると、気分が悪くなる」とたいていの人は理解しているはずです。

それでも、世の中から悪口が絶えないのは、それがストレス発散になると思っている人が多いからでしょう。

いずれにしろ、自分に自信を持ちたいなら、悪口を言うのをやめなければいけません。仮に、誰かの悪口をうっかり言ってしまって、周りの人たちが「私もそう思う」などとその話題にのってきたとしても、「悪口を言ってもいいんだ」というわけではありません。

悪口の問題は、誰かが不愉快に思うかどうかではありません。自分の心の状態がよりネガティブになることが問題なのです。

悪口の中身は、怒りや嫉妬といったマイナス感情が大半を占めています。

悪口を言うと、自分が発したマイナスの言葉が、自分の耳を通して心の中に浸透するため、精神的なストレスが増えているのです。

どんなにプラスの言葉を使う努力をしていても、誰かの悪口を言っているだけで、その努力が帳消しになってしまうほどマイナスだと考えてもいいでしょう。

本気で自分に自信を持ちたいなら、できるだけ「悪口は言わない」と決意するのも一つの方法です。

POINT

誰かの悪口を言うだけで、心のストレスは増えてしまう

自慢話はほどほどにしておく

プラスの言葉を使ったとしても、言わない方がいいのが自慢話です。

例えば、自分の誕生日のときに、彼氏に高級なバッグをプレゼントしてもらったとしましょう。

そのことを彼氏がいる友だちに話すときは、「誕生日のときに彼氏が素敵なプレゼントを贈ってくれて嬉しかったの」というような言い方なら、そんなに嫌な気分にはならないと思います。

しかし、「誕生日にずっとほしかったバッグを彼氏が買ってくれたの。しかも高級なブランドショップのものなの」というような言い方をすれば、その友だちの反応は違ってくるはずです。

「よかったね」と言ってくれるかもしれませんが、心の中で「それって自慢？」と不快な気分になっているかもしれません。

このように、言い方一つでハッピーな話題が自慢話に聞こえてしまうことがよくあります。

人間は誰しも、他人から「すごい」、「うらやましい」と思われるような存在でありたいという気持ちを持っているものです。

そのため、自慢話をすることで、無意識にその欲求を満たそうとしてしまいます。

自分の話をする前に「自慢話に聞こえないかな？」と少し意識してみましょう。どうしても言いたい場合は、「私の話を聞いてくれてありがとう」と最後に付け加えると、気まずい空気を変えられるかもしれません。

POINT
「すごい」と思ってもらいたくても、自慢話は慎む

マイナスの言葉をプラスの表現に変える

人と会話していると、どうしてもマイナスの言葉を使わざるを得ない場面があります。

例えば、人を叱らなければならないときです。

結衣《ゆい》さん（仮名・二八歳）は、会社で新人研修の業務を担当しています。

新人社員に社会人としての礼儀や会社の基本的な仕事を教えているのですが、ときどきキツい口調で注意してしまうことがあります。

ある日、新人社員の一人が取引先との電話で間違った対応をしてしまったときに、「ダメじゃない。この前も同じようなミスをしたよね。もっと気を引き締めていかないと」とキツく叱ってしまいました。

その社員は深く落ち込んでしまい、電話を取ることに対して恐怖心が芽生えてしまったそうです。

こういう場面では、「大丈夫？　この前教えたことをもう一度復習してみて下さい。そうすれば、次からは上手に対応できるはず」というふうに、励ますつもりでアドバイスをするといいでしょう。

言った自分も「言いすぎたかな」と後悔することもないですし、言われた相手も落ち込んだり、嫌な気分になったりしません。

言葉は、心の中で思っているよりも、口に出した方がエネルギーが大きくなります。

ですから、人を叱るときは、感情のまま口に出す前に、プラスの言葉に変えて表現するように工夫していくことが大切です。

POINT

感情のままにマイナスの言葉を口にするのはやめる

聞きたくない言葉は受け流す

余計な口を出してきたり、人を悪く言ったりする人はどこにでもいます。そのような人たちは相手の気持ちを考えるのが下手です。

「こんなことを言ったら、相手はどう思うのか?」という配慮が足りないため、自分の言いたいことを優先してしまうのです。自分に自信がない人は、そんな無神経な人の言葉を真正面から受け止めて、傷ついてしまいがちです。

特に、心がマイナスのエネルギーに傾いていると、相手の言葉を悪い方に解釈してしまうため、大きなショックを受けることもあります。もし自分がそういうタイプだという自覚があるなら、聞きたくない言葉は聞き流すようにしましょう。

例えば、会社の先輩で嫌味っぽいことを言ってくる人がいたとします。「あなたは部長に気に入られていいわね。私なんて怒られてばかり」「有給休暇を取るのもいいけど、しっかり仕事を済ませないとダメ」先輩の言うことの中には、「確かにその通りかもしれない」と思うことも含まれているかもしれません。

しかし、自分が悪いわけではないので、「すみません」と謝ったり、「何か気に触るようなことをしたかな」と卑屈になったりする必要はありません。「これからも頑張ります」と言って笑顔でその場を立ち去りましょう。

他人の言葉を全て真正面から受け止める必要はありません。余計な言葉はうまく聞き流して、マイナスの感情を増やさないようにすることが大切です。

POINT

他人に言われたことを全て受け止める必要はない

言いたいことを我慢しすぎない

自分に自信がない人は、言葉で相手を不快にすることは少ないでしょう。

逆に、相手に気を使いすぎて言いたいことを我慢してしまう人は多くいると思います。

「相手に嫌われることが恐くて、いつも本音を隠してしまう」

「意見を言いたいけど、勇気が持てずに控えめに話してしまう」

そんなふうに我慢を繰り返していると、心にはどんどんマイナスのエネルギーが増え、ますます自信がなくなってしまいます。

しかし、これまで我慢してきた人が、いきなり自分の意見を伝えるのはそう簡単なことではありません。

ですから、まずは、「はい」、「いいえ」という意思表示をハッキリすることから始めましょう。

例えば、仕事で何か物事を決めるときは、意見を求められることもあると思います。

こういう場面で、今までは「皆さんの意見に従います」、「私はどちらでもいいです」というふうにあいまいな返事でお茶を濁していたならば、ちょっと言い方を変えてみましょう。

「私は○○さんに共感します。でも、皆さんの意見も聞いて、最終的にいいものを決めたいです」と、自分の主張も折り込んでみるのです。

どちらとも取れないような返事をするよりも、「はい」か「いいえ」だけでも伝えられるようになると、人と話すのがラクになると思います。

POINT

意思表示ができるようになると、マイナスの感情が減る

気持ちを切り替えるおまじないを作ろう

スポーツ選手は、お気に入りの曲を聴くことで、メンタルを整えるという話を聞いたことがあると思います。それと同じで、気持ちをプラスに切り替えられるおまじないのような言葉を作っておくと、深く落ち込むことを防げます。

ある女性は、落ち込んだら「ハイ、リセット」と言いながら、両方の耳をひっぱることで、気持ちを切り替えるようにしているそうです。

また、別の女性は、手首に髪の毛をしばるゴムをいつもつけていて、それをパチンとはじくことで、気持ちを切り替えるそうです。

いつまでもクヨクヨしてしまうという人は、独自のものを何か考えて試してみるといいでしょう。

おまじないで　気持ちリセット！
深呼吸する
ハイ、リセット！
耳をひっぱる
手首の髪ゴムをはじく
パチン！

CHAPTER

9

ちょっとした習慣がブレない自信をつける

習慣がその人の人生を作っている

学生時代はみんな、同じような生活を送っていたのに、同窓会に行くと、それぞれがまったく違う人生を歩んでいることに、驚くことがあると思います。全てのことには原因があります。

学生時代にキラキラしていた人が、今は肩を落として元気がないように見えたり、学生時代は目立たなかった人がいつの間にか素敵な女性に変わっていたりするのも、その人はそうなるような行動を続けてきた結果です。

「人間は習慣の生き物である」と言われます。

誰でも、自分では「〇〇しなくちゃ」などと意識していないのに、自然と身についている習慣があると思います。

例えば、子供の頃から「朝起きたら、まず歯磨きをする」、「お風呂は、夜寝る前に入る」ということを続けていたら習慣になります。

習慣を身につけるまでには、ある程度の時間が必要です。

しかし、一度身につけてしまえば、そう簡単に忘れることはありません。

こうした習慣の積み重ねが、人間を作っています。

学生時代はみんな、似たような生活を送っていたのに、大人になってからまったく違う人生を歩んでいるのは、その人たちの日々の習慣が異なるからであり、どんな習慣を持つかが、人生を分けていくともいえるのです。

心にプラスのエネルギーが増える習慣を持つことが大切です。

それが、年を重ねるごとに幸せになっていくための秘訣です。

POINT

プラスの感情がたまる習慣を身につけよう

いいことを探してメモをする

起こっているいいことに、気づきやすい人と気づきにくい人がいます。

気づきやすい人は、「ラッキー、私って運がいい」と思って、心にプラスの感情が増えます。気づきにくい人は、そんな人を見て、「あの人はいいな。それに比べて私は……」と心にマイナスの感情を増やすのです。

これが毎日続けば、二人の心の状態はプラスとマイナスで大きな違いが生まれます。これが、その人の運の違いを生むのです。

そこでおすすめは、幸運に気づきやすい自分になるために、毎日、いいことを探して、それをノートに記録するという習慣を持つことです。

ノートでなくても、手帳の隅に書き込むだけでも効果があります。

GooD!
Delicious♥
Lucky!
Beautiful
cute♥
幸運体質になるため毎日いいこと探しを!

ラクになるために何かをやめる

幸せに近づくために何かをしようとすると、たいていは自分に何かをプラスすることを考えます。

確かに、新しい趣味を持つことで人間関係を広げて、その結果、心にプラスのエネルギーが増える、というようなことはよくあります。

しかし、忙しい人にとっては、今の自分の生活に何かをプラスすることは負担になることもあります。そんな人におすすめなのが、自分がラクになるために、何かをやめるということです。

例えば、公務員の明美さん（仮名・二三歳）は、職場まで遠く、家に帰るとへとへとになる毎日を改めようと、次のことをやめました。

・朝五時起きのお弁当作りをやめて、おにぎりだけにする
・拘束がキツい（休みにくい）地域のバレーボールチームをやめる

お弁当のおかずを作るのをやめて、おにぎりだけにしたら、毎朝三〇分の余裕ができ、気持ちに余裕を持って会社に向かえるようになりました。

最初は楽しかったけれど、厳しくてつらくなっていたバレーボールチームもやめました。すると、「今週の試合は休みたいけれど、休んだら迷惑がかかるかも……」というような心配の時間が減り、気持ちがラクになりました。

美容師の浩子さん（仮名・二四歳）は、実家で暮らしていましたが、母親との関係が悪く、毎日、家に帰るのが苦痛でした。そこで、実家を出て職場の近くで一人暮らしを始めたところ、毎日がとても楽しくなったそうです。

このように、自分がラクになるために、何かを手放すという方法があります。

POINT

何かを始めるより、何かをやめることの方が幸せになることもある

幸せホルモンが増える生活を送る

脳が幸せを感じるとき、幸せホルモンとよばれる「セロトニン」が関係していることが、科学的に明らかになっています。

これはつまり、セロトニンが出やすい習慣を持つことで、幸せを感じられる時間が増えるということです。

例えば、太陽の光を浴びるのは、セロトニンを出す効果があります。天気のいい週末に散歩をすると、ハッピーになれるということです。

規則正しい生活も、幸せを感じやすくなる効果があります。

昼夜逆転の生活をしている人は、セロトニンとメラトニン（睡眠ホルモン）の分泌のバランスや体内時計が狂ってしまいがちです。

夜勤のある仕事に就いている人などは、どうしても生活リズムが乱れやすくなるので、意識的にハッピーになれる時間を設けることが大切です。

おすすめは、小旅行に出かけることです。

一泊が無理なら、日帰りで行ける温泉に行ったり、芝生の上で寝転がれるような大きな公園に行ってみるといいでしょう。

海が近くにあるなら、砂浜を裸足で歩いてみると、ストレスが消えていくのを感じられるはずです。

裸足で大地に触れることは「アーシング」と呼ばれ、精神を落ち着かせる効果があるのです。

このように、意識的にエネルギーをチャージできるような時間を設けると、心にプラスのエネルギーが増えていきます。

POINT

疲れたときはハッピーになれる場所に行こう

断捨離をして快適な環境に身を置く

人間は視覚からの影響を八〇％以上受けているといいます。

そのため、目に入るものから嫌なものを排除し、美しいもの、見ていて気持ちのいいものを増やすだけで、心にはプラスの影響を与えます。

そのために確実な効果が得られるのは、「断捨離」です。一言でいうと、いらないものを処分して、身の周りを必要なものだけにしてスッキリ暮らすということです。

風水では、運をよくする上でもっとも重要なのは、掃除をすることだといっています。

掃除には、その場所にたまったマイナスの気を取り除く効果があります。

高級ホテルのロビーや美術館や東京ディズニーランドなどが居心地がいいのは、ゴミ一つなく掃除されていることも大きな原因なのです。

引っ越しをしたことがある人はよく、「ゴミ袋で一〇個分も不用品があって驚いた。こんなにいらないものの中で過ごしていたなんて、全然気づかなかった」というようなことを言います。

それくらい、私たちの周りには不要なものが溢れているのです。

いきなり大掃除は大変という場合、机の上のいらないものを処分して、水拭きをするだけでも効果があります。

また、ガラスや洗面所の鏡、蛇口などの光るものを磨いてピカピカにするのは、とても気持ちがいいものです。

快適な環境に身を置くだけでも、運気が上昇します。

POINT

いらないものを捨てると、気持ちがスッキリする

占いよりも、自分を信じる

占いが好きな女性が多いようです。

特に恋をしているときや進路に迷うときは、失敗したくないという気持ちから、占いを頼りたくなるものです。

占いは、楽しみとして利用する分には悪いものではありません。

プラスの予言であるならば、心にプラスのエネルギーが生まれるため、よい結果が期待できます。

しかし、心が弱っているとき、ネガティブな予言を聞くと、その通りになってしまう危険もあります。

あるカメラマンの女性は、有名な占い師から、「結婚運がないから、一生独身でしょう」と言われました。彼女はショックを受けましたが、それでも運命の出会いをあきらめずに、積極的に行動をしました。

すると、よい出会いがあり、二年後には結婚が決まったのです。

彼女は占いの結果を前向きに受け止めて、「結婚運がないなら、自分で運気を上げてやる」と心にプラスのエネルギーが増えるような行動を心がけていたそうです。

ネガティブな予言に落ち込みそうになったときは、彼女の例を参考にするといいと思います。

未来を予言してもらって、安心したい気持ちはわかります。しかし、占いはあくまでも予想であり、未来は誰にもわかりません。

未来を作れるのは、今日の自分だけなのです。

POINT
占いに振り回されない

自然や動物から元気をもらう

自然には、プラスのエネルギーがあります。疲れたとき、夜空や遠くの自然に目をやるとホッとするのはそのためです。

赤ちゃんも、プラスのエネルギーを多く持っています。

泣いて寝てばかりいた赤ちゃんが、立ち上がり、歩けるようになるまでには、何度も失敗して、転びます。

それでもあきらめずに歩けるようになるまで挑戦するのは、赤ちゃんの心がプラスのエネルギーで一杯だからです。

「自分にできないはずがない」という気持ちがあるから、歩けるようになるまでやめないのです。

私たちは、そんな自然や赤ちゃんに触れることで、プラスのエネルギーを分けてもらうことができます。

ですから、会社の帰りに公園や神社に立ち寄って、大きな木を抱きしめたり、芝生の上に寝転んでみたりするのもよいでしょう。

あるシステムエンジニアの女性は、他人のSNSを見てイライラすることが多かったのですが、あるときからそれをやめて、仕事が終わって家で時間があるときは、インターネットの動画サイトで、赤ちゃんや動物の動画を見るようにしたそうです。

すると、寝つきがよくなり、体の調子まで改善されたのです。

疲れたときや悩んだときはこのように、自然や赤ちゃんや動物が持つプラスのエネルギーを借りるのもいい方法です。

POINT

SNSを見て嫉妬するより、動物や赤ちゃんを見て癒されよう

他人の幸せを祝福できる自分になる

他人の幸せを一緒になって喜んだり、祝福したりすることも、人のためにできることの一つです。ですから、誕生日の友だちにバースデーカードを送ったりするのは、とてもいい習慣です。

しかし、自分に自信がないとき、幸せを感じられないとき、人は他人の幸せを素直に喜ぶことができません。それどころか、先に結婚した友だちに対して、嫉妬したり、悪口を言いたくなることさえあります。

なぜなら、心にマイナスのエネルギーが多い状態だと、他人に対する嫉妬やひがみというマイナスの感情がわきやすくなるからです。

「どうせたいした相手ではないわよ」

「彼女は美人じゃないから、そのうち飽きて捨てられるかも」

という具合です。

しかし、そんなことを言ったら、ますます心にはマイナスのエネルギーが増えます。ですから、身近な人にいいことがあったら、一緒になって喜びましょう。

直接顔を見て祝福するのがつらいなら、「おめでとう」とメールを送るだけでもいいのです。

そうやって、人の幸せを喜べる人の心には、プラスのエネルギーが増えるので、次は自分のところによいことがやってくるかもしれません。

花嫁のブーケトス（ブーケを後ろ向きに投げる結婚式の演出）を受け取った人が、次に結婚できるといわれるのは、そのような理由があるのです。

POINT

誰かの喜びを祝福すると、自分にも幸運がやってくる

CHAPTER

10

ハッピーのらせん階段を少しずつ上がっていこう

人間関係は量より質

「周りの人から嫌われているのではないか、と気になることが多い」

「知り合いは多いけど、実は友だちと呼べるほど親しい人はあまりいない」

「休日に『一緒に遊びに行こう』と誘える仲間がいない」

人付き合いに自信のない人は、心のどこかでこのような悩みを抱えている傾向があります。

確かに、気さくに話せる社交性があり、友だちや仲間がたくさんいる人の方が周りの人から好かれているのは事実でしょう。

しかし、人間関係の本質は「量より質」です。

友だちは多くなくても、相性のいい親友がいれば、その人との交流を深めていくだけでも十分楽しい生活を送ることはできます。

ときには自分の弱みも見せられるような友だちが、本当の友だちです。

「私のことをどう思っているのだろうか?」と一緒にいて安心できないような関係は、無理に続けることもないでしょう。

周りの評判を気にしすぎていると、自分らしく振る舞えないため、人間関係におけるストレスがどんどん増えてしまいます。周りの全員に好かれることは不可能ですし、無理して自分が全員を好きになる必要もありません。

多くの人に好かれなくても、自分らしく自信を持って生きていくことはできます。

そして、信頼できる親友がいるなら、その人に感謝を示すことが大切です。

POINT

「全員に好かれなくてもいい」と考えると、ストレスは減る

人に期待しすぎない、押し付けない

毎日、小さな幸せを感じられるようになってくると、ついそれを人にも教えてあげたくなるものです。

「マイナスの言葉は使わない方がいいよ」

「いつも家にいないで、行動範囲を広げた方がいいことに出会えるよ」

しかし、自分は相手を思って言っているつもりでも、相手にとっては「それって、今のままの私ではダメっていうこと?」と不愉快な気持ちになるかもしれません。

人それぞれ、成長のスピードは違います。

自分から見て、直した方がいいところが多い相手でも、その人は一生懸命生きているのかもしれません。ですから、アドバイスを言いたくなっても、相手に求められたとき以外はしない方がいいと思います。

どうしてもという場合には、言葉ではっきり伝えるよりも、相手が誰かの悪口を言い出したら、さりげなく話題を変えるとか、出不精な友だちに外出をすすめる代わりに、相手の好むところに連れ出してあげるという形なら、相手は嫌な思いはしないでしょう。

また、人に期待しすぎないことも大切です。

立派に見えた人がぐちっぽい人だったとしても、「この人もマイナスの言葉が多いな。本当は自信がないのかも」なんて、深読みしないことです。

自分は自分、人は人という言葉は、人と比べて落ち込まないという場合だけでなく、自分の基準を人に押し付けないという場合にも大事な考え方です。

POINT

正しいアドバイスでも、相手が求めていなければ迷惑になる

大切な友人に自分から連絡をする

今は遠くに住んでいる学生時代の友人など、自分のことを大切に思ってくれている人に、自分から連絡を取らない人がいます。

私たちは、何も特別なことがなくても、ただ学校に行ったり、仕事に行ったりするだけで、一日がアッという間に過ぎていく毎日を送っています。

そういう中で、いつもとは違うことをするというのは、つい後回しになってしまうものです。しかし、それでもやった方がいいことがあります。

一緒に住んでいる家族のきずなは、そう簡単には壊れないでしょう。しかし、友情は、親しい間柄でもずっと会わず、電話もしなければ、いつの間にか心の距離まで離れてしまいます。

仕事で忙しいから、今は必死でやらないといけないときだから、という言い訳もあると思いますが、それは自分の人生を幸せに生きるために、一番大切なことではありません。その証拠に、「忙しい」という字は、心を亡くすと書きます。「必死」という字は、必ず死ぬと書きます。

友だちはいないし、一人でいるのが好きだから、という人は、そういう生き方もあるので、それを変える必要はないと思います。

しかし、大切な人がいるのに、忙しさを理由に関係性が薄まりかけているのなら、後悔しないために、たまには相手に連絡することが大切です。

「元気？　私は元気です」とハガキを書くだけでもいいのです。

その友人から返事をもらったとき、心には大きなプラスの感情がわくはずです。

POINT

人間関係はケアをしないといつの間にか心が離れてしまう

「解決できない問題もある」と割り切る

世の中にはどうしようもないことがあると知ることも、心にマイナスの感情を増やさないためには大切です。

晴美さん（仮名・二七歳）は、恋愛関係のトラブルが原因で、学生時代に仲良しグループだった二人の女友だちがケンカをしていると知り、なんとか仲直りさせたいと考えました。

両者の言い分を聞きながら、「あの人も悪気があったわけじゃないから」などと言って、仲裁しようとしたのですが、二人とも「もう彼女のことは信用できない」と譲りません。結局、その二人は絶交してしまいました。

晴美さんはその後も、「その男性のせいで、私たちの友情が壊れてしまった」

とトラブルの原因になった男性に対して腹を立てたり、「何かもっといい方法があったかもしれない……」と自分を責めたりしました。

険しい顔をしている晴美さんを見て、母親が声をかけてくれました。

「最近、元気ないけど、どうしたの？　世の中には、自分の力ではどうしようもないこともあるんだから仕方がなかったんだ、と割り切ることも必要よ。いつまでもクヨクヨしないで、前を向きなさいよ」と言われました。

その一言をきっかけに、彼女は気持ちを切り替えることができました。

このように、自分では解決できない問題に関わると、時間のムダになり、心も消耗してしまいます。

そんなときは、積極的に関わることはせず、「トラブルが収まりますように」と願うだけで十分なのです。

POINT

自分でどうしようもないことは、ただ願うだけでいい

失うものもあれば、得るものもある

誰にでも、「一度手に入れたものは手放したくない」という心理があると思います。しかし、世の中は常に変化しています。その中には、自分から離れていくもの、失うものも、当然あります。

離れていくものに執着すれば、心にはマイナスのエネルギーが増えて、結果的に自分が不幸になってしまいます。そうならないためには、「手放す代わりに、何かが得られるかもしれない」と考えてみるといいでしょう。

ある女性は、ペットの犬が死んでしまい、深く落ち込んでいました。

そこで、母親は彼女を励ますために、取っておいた犬の毛でぬいぐるみを作るサービスを利用して、小さな犬の人形をプレゼントしました。

その人形が亡くなったペットの毛でできていることを知った女性は、「ペットの犬が見ているから、いつまでも泣いていられない」と元気を取り戻しました。

そして、自分に元気をくれたその人形を作る会社に手紙を書いたのをきっかけに、その会社で人形を作る仕事を始めたのです。

そして今、彼女にとって、その仕事は生きがいになっています。

人間万事塞翁《さいおう》が馬、ということわざがあるように、悲しい出来事が、素晴らしい出来事を連れてくることもあります。

失うことを恐れる必要はありません。その失ったもの以上に素晴らしいものがやってくると信じましょう。そうすれば、本当にいいことがやってくるはずです。

POINT

失ったものを嘆《なげ》かなければ、
もっと素晴らしいものが手に入る

時間が経てば全て思い出になる

大きな悲しみや、ショックだった出来事は、どんなにプラスのエネルギーを心に増やしても、完全に消すことはできません。

そんな人に言いたいのは、「その傷を抱えたまま、幸せになってもいい」ということです。

「こんな自分は幸せになれっこない」という思い込みがあると、心にプラスのエネルギーを増やすよう頑張っていても、ふとしたときに心が闇に包まれて、幸せをあきらめそうになってしまいます。

しかし、過去は関係ないのです。実際に、生い立ちが不幸だったり、誰かから暴力を受けたりした過去を持つ人でも、人生をやり直して、幸せになっている人はたくさんいます。

それに、心にプラスの感情が増えるような行動を続けていれば、心の傷は、少しずつ、癒えていきます。

どうしてもつらいときは、自分と同じような境遇で、それを乗り越えて幸せになった人の本を読んだり、話を聞いたりするとよいでしょう。

悲しいときは、「自分だけがつらい」と思ってしまいがちです。「つらいのは自分だけじゃなかった」、「この人も大変だったけど、乗り越えたんだ」と感じることで、ネガティブになった思考を切り替えることができます。

「時間薬」「日にち薬」という言葉があるように、時が経てば、心の傷は少しずつ小さくなります。

ですから、心をポジティブにして生き続けることが大切なのです。

POINT

自分と同じ悩みを乗り越えた人の言葉が勇気をくれる

相談相手はプラス思考の人を選ぼう

心にプラスの感情が増えると、起業したい、留学したいなど、チャレンジしたい気持ちが生まれやすくなります。

そして、成功させるために、誰かに相談をしたくなるかもしれません。

そんなときに注意したいのは、相談相手は自分が目指す道で成功している人、幸せそうな人を選ぶということです。

別の言葉で言うなら、心にプラスの感情がたくさんある人ということです。

マイナスの力が強い人を相談相手に選んでしまうと、マイナスなことを言われて、行動を制限されてしまうことにもなりかねません。

やめた方がいいよー
えー
こんなことやってみたいんですけど…
相談相手も大切!
こうすればうまくいくよ!
こういうのどうでしょう!

人に喜んでもらうことをしよう

人から「ありがとう」と言われたり、「あなたのおかげです」と感謝されたりすることは、自分の自信につながります。

ですから、自分が元気なときでいいので、困っている人の力になってあげることを心がけるといいでしょう。

簡単なことでいいのです。

落ち込んでいる友人の話を聞いてあげるとか、他人のちょっとしたミスを笑顔で許すとか、家族や友人にお土産を買って帰るとか、無理のない範囲で、自分以外の誰かを喜ばせてあげるとよいでしょう。

このときに注意したいのは、見返りを求めない、ということです。

例えば、電車でおばあさんに席を譲ったのに、お礼を言われなかったとき、腹を立てたり、「席を譲って損をした」と思ったりするのはよくありません。

大切なのは、自分が「親切にしたかったから、親切にした」という事実であり、そのことだけで自分をほめる価値は十分にあります。

お礼を言われれば嬉しいですが、それはおまけのようなものと考えると、期待外れだったときに、心がマイナスになることを防げるでしょう。

直接、人に親切にするのが恥ずかしいという人は、誰もいないときに隣の家やお向かいの家の前を掃除する、というようなことでもいいのです。

人に親切にすると、自分も人に親切にされることが増えます。

そしてまた、心にはプラスのエネルギーが増えていくのです。

POINT

人に親切にすると、自分も嬉しい

もっともっとハッピーな自分になれる

心にプラスのエネルギーを増やしていくと、日常が変わり始めます。

「前は嫌なことがあると落ち込んだのに、最近は気にならなくなった」

「やりたいことのなかった私に趣味ができて、毎日が楽しくなった」

「私の人生も悪くないって思えるようになってきた」

そんなふうに思えるようになったら、その人のオーラが以前よりもずっとキラキラと輝いている証拠です。

しかし、人間は成長すれば、そこでまた新しい悩みに出会います。そんなとき、「また自分に自信のないあの頃に戻ってしまいそう」と不安になるかもしれません。

しかし、そこで心を折らず、地道に心にプラスのエネルギーを増やしていきましょう。

人生はらせん階段のように上っていくものです。

上から見たら進んでいないように見えますが、横から見たらきちんと成長できています。

そして、途中にあるハードルを乗り越えるたびに、その先には新しい世界が広がっています。人の心の成長に終わりはありません。

アメリカの教育者デューイは「幸福な人とは成長している人です。また不幸な人とは、いかなる原因が背景にあれ、成長が止まった人です」と言いました。

「自分に自信を持ちたい」「好きなことをしてキラキラとした自分になりたい」という気持ちがあれば、もっともっと幸せに生きることはできるのです。

POINT

新しい悩みに出会い、乗り越えるたびに、成長できる

イラスト✦宮本和沙
ブックデザイン✦白畠かおり

植西 聰｜うえにし・あきら

東京都出身。著述家。学習院大学卒業後、資生堂に勤務。独立後、人生論の研究に従事。独自の「成心学」理論を確立し、人々を明るく元気づける著述活動を開始。95年に「産業カウンセラー」(労働大臣認定資格)を取得。

《主な著書》

『「折れない心」をつくるたった1つの習慣』(青春出版社)
『平常心のコツ』(自由国民社)
『「水」のように生きる』(ダイヤモンド社)
『思うだけ！　開運術』(清流出版)
『眠る前に1分間ください。明日、かならず「良いこと」が起こります。』(キノブックス)
『昨日よりちょっとうまくいく「一日一生」の教え』(祥伝社)
『怒らないコツ』(自由国民社)
『「足るを知る」と、幸せになれる』(扶桑社)
『持てる力を出せる人の心の習慣』(青春出版社)
『考え方を変えれば、幸せになれる！』(海竜社)

普通の女の子が
キラキラオーラを放つとっておきの方法

2018年12月20日　初版第1刷発行

著　者　植西 聰

発行者　藤木健太郎
発行所　清流出版株式会社
〒101-0051
東京都千代田区神田神保町 3-7-1
電話 03-3288-5405
ホームページ　http://www.seiryupub.co.jp/

編集担当　秋篠貴子
印刷・製本　図書印刷株式会社

乱丁・落丁本はお取替えいたします。
ISBN978-4-86029-482-3